容齋隨筆

1

宋 洪邁 著

明崇禎三年刊

图书在版编目（ＣＩＰ）数据

容斋随笔 / (宋) 洪迈著. -- 北京 : 海豚出版社,
2018.1
ISBN 978-7-5110-4145-6

Ⅰ. ①容… Ⅱ. ①洪… Ⅲ. ①笔记－中国－南宋－选集 Ⅳ. ①Z429.442

中国版本图书馆 CIP 数据核字(2017)第 329040 号

书名：容斋随笔
作者：(宋) 洪迈著
责任编辑：李俊
责任印制：蔡丽
出　　版：海豚出版社
网　　址：http://www.dolphin-books.com.cn
地　　址：北京市百万庄大街 24 号
邮　　编：100037
电　　话：010-68325006（销售）　　010-68998879（总编室）
印　　刷：虎彩印艺股份有限公司
经　　销：新华书店及网络书店
开　　本：16 开（210 毫米×285 毫米）
印　　张：152.875
字　　数：1223（千）
版　　次：2018 年 1 月第 1 版　　2018 年 1 月第 1 次印刷
标准书号：ISBN 978-7-5110-4145-6
定　　价：4400 元

出版説明

人是一種會思想的動物，無論是要適應環境，克服生存的困難，抑或爲了生活得更有意義，思想皆不可或缺。在一般的中文習慣中，思想的涵義比“哲學”更寬泛，這種語用習慣的差異，也影響到學者對學術視野的選擇。一般而論，思想史的範圍也較哲學史爲廣闊，雖然很少得到清晰地界定，但它不失爲一種有效的學術視野。

在近代中國學術史上，思想史研究的興起與哲學史大約同時。一九〇二年三月，梁任公在其創辦的《新民叢報》上連續發表了《論中國學術思想變遷之大勢》系列論文，這可能是最早由國人撰著發表的思想史論文。而第一本由國人撰寫的中国古代哲學通史，則爲一九一六年謝無量的《中國哲學史》。這兩本早期著述有其學術史的意義，但其中對學科的性質與研究方法等多無明確的説明。事實上，無論是學者的闡述，還是其實際的操作，在思想史與哲學史之間都不易劃出清晰的界限，直到當代也仍然如此。抛開細節不論，就語用習慣及有關實踐而言，思想史表徵一種對歷史文化廣闊而深入的關照，其研究方法，關注的問題，都較哲學史爲多元，史料基礎也不可同日而語。尤其是在郭沫若、侯外廬等人建立起來的研究傳統中，思想史有明确的社會史取向，或因其與傳統的文史之學有親和性，以至在今天，這種思路仍然很有生命力。

文獻發掘向來是思想史研究的基本環節。爲了促進有關研究，我們選輯多種文本編爲"中國古代思想史珍本文獻叢刊"。全編選目包括經典文本，如儒、道二家的經解，重要思想家作品的早期刻本，和某些并不廣泛受到關注的作家文集的舊刻本。本編中也選錄了數種反映古代民俗信仰的文獻，如《關聖帝君聖跡圖志》、《卜筮正宗》等等。這些文本在傳統的學術視野中，多以爲不登大雅之堂，在今日視之，或者正因其反映了古代社會一般的信仰氛圍，而有重要的文本價值。此外，本編也著意收錄了數種通常被視爲藝術史史料的文本，如《寶綸堂集》、《徐文長文集》等，我們認爲對思想史關注而言，範圍與深度同樣重要。

選集本編，也有文獻學上的意圖。中國古代有悠久的文獻學傳統，大量古籍文本的傳刻與整理造就了古代中國輝煌的古籍文化。本編收錄的這些刻本不僅是古代學術發生、衍變的物質證據，也是古代古籍文化的重要部分。本編所收錄的全部作品皆爲彩版影印，最大限度地保存了文獻的細節。其中有部分殘卷，視具體情況，或者補配，或者一仍其舊。本編的選目受制於編者的認識與底本資源，或者有不妥、不備之處，希望讀者不吝指正。

目録

第一册

第二册

第三册

第四册

◎

第五册

第一册

◎

一

原書缺頁

原書缺頁

廣記中舊事改易姓名以欺之
亦不復辨由此觀之則二書蹖
盭葢亦多矣惟五箏係生平睹
記捃綴奚囊久而成集徃徃傳
信後代博雅之士亟稱是書有
以哉昔趙和仲嘗言知古莫如

洪景盧知今莫如陳君舉讀五筆所記寧獨知古已耶是書向無佳刻得者復不能全焉巽甫博學好古彙而梓之兼精心慧識長於較讎魯魚亥豕考核再四人亦有言訛如落葉掃而愈

有巽甫兹刻吾知免夫其有功
載籍豈淺鮮耶余喜而爲之序
古勾章謝三賓撰

序

容齋隨筆五集總序

知贛州寺簿洪公伋以書來曰從祖文敏公由右史出守是邦今四十餘年矣伋何幸遠繼其後官閑無事取文敏隨筆紀録自一至四各十六卷五則絶筆之書僅有十卷悉鋟木于郡齋用以示邦人焉想像抵掌風流宛然如在公其爲我識之僕頃備數憲幕留贛二年至之日文敏去才旬月不及識也而經行之地筆墨飛動人誦其書家有其像平易近民之政悉能言之

有許不平者如許之於其父而謁其所欲者如謁之於其母後十五年支敏爲翰苑出鎮淛東僕適後至濫吹朝列相隔又旬月竟不及識而與其子太社樺其孫參軍偃相從甚久得其文愈多而所謂隨筆者僅見一二今所有太半出於淛東歸休之後宜其不盡見也可以稽典故可以廣聞見可以證訛謬可以膏筆端實爲儒生進學之地何止慰贛人去後之思僕又嘗于陳日華曄盡得夷堅十志與支志三志及四志之

二共三百二十卷就摘其間詩詞雜著藥餌符呪之屬以類相從編刻于湖陰之計臺跡爲十卷覽者便之僕因此搜索志中欲取其不涉神怪近於人事資鑒戒而佐辯博非夷堅所宜收者別爲一書亦可得十卷俟其成也規以附刻于章貢可乎寺簿方以課最就持憲節威行谿洞折其萌芽民實陰受其賜願少留於此他日有餘力則經紀文敏之家子孫未振家集大全恐馴致散失再爲收拾實難今盤洲小隱二集

士夫珍藏墨本巳久獨野處未焉寺傳推廣隨筆之用心願有以亟圖之可也嘉定壬申仲冬初吉寶謨閣直學士太中大夫提舉隆興府玉隆萬壽宮臨川何異謹序

容齋隨筆五集舊序

書必符乎名教君子有所取而讀者要非無益之言也夫天下之事萬有不齊而可以憑藉者理之正事不一而理有定在猶百川萬折必歸於海否則涉於荒唐繆悠絕類離索以盲瞶人之耳目者在所不取古今馳聲於墨札之塲者噓英吐華爭相著作浩渺連艫策氏藉名不可紀極嗜博者亦必珎如拱璧而把玩之不輟焉文敏公洪景盧博洽通儒爲宋學士出鎮浙東

歸自越府謝絕外事聚天下之書而徧閱之搜悉異聞考覈經史捃拾典故値言之最者必札之遇事之奇者必摘之雖詩詞文翰曆讖卜醫鈎纂不遺從而評之參訂品藻論議雌黄或加以辯證或繫以讚繇天下事爲寓以正理殆將畢載積卄餘年率皆成書名曰隨筆謙言順筆錄之云爾加以續筆三筆四筆絕於五筆莫非隨之之意總若干萬言比所作夷堅志支志盤洲集踪有正趣可勸可戒可喜可愕可以廣見

聞可以證訛謬可以祛疑貳其於世教未嘗無所裨補乎得而覽之大豁襟抱洞歸正理如躋明堂而胸中樓閣四通八達也惜乎傳之未廣不得人挾而家置因命紋梓播之方輿以知博雅之君子而凡志於格物致知者資之亦可以窮天下之理云弘治戊午冬十月既望巡按河南監察御史沁水李瀚書

容齋隨筆五集舊序

重刻容齋隨筆紀事

元調少時就童子試於松江郡將堂邑許公道經學古人也一語意合或旬日再三召恒坐刻肆中以待門啓而入有齎容齋隨筆者取閱一二則喜其聞所未聞千錢易之然猶未悉容齋之爲何等人隨筆之爲何等書也歸以告本師子柔先生先生曰此宋文敏洪公之所著書其考據精確議論高簡讀書作文之法盡是矣又曰吾向從丘子成先生見此書而不全汝亟取

以來吾將卒業焉又曰考據議論之書莫備於
兩宋然北則三劉沈括南則文敏兄弟歐曾輩
似不及也元調謹受教日夕浸灌其中行李往
來未嘗不挾與之俱壬子秋寓長干報恩僧舍
得略識一時知名士每集必數十人論及古今
成敗及文章得失忿爭不决者元調輒片言以
解此書之助爲多閒以示玉繩周子讀之盡卷
惘然曰古人學問如是吾儕窮措大縱欲留意
顧安所得書又安所得暇日乎雖然吾來年將

館丹陽荊氏君遊踪務相近頗載所藏書借我巳而周子入翰林爲修撰寄語子今不患無書可讀矣周子謝不敏報書吾則未暇留以待子益戲之也自後讀隨筆漸熟又推其意以漸讀他書如執權度稱量萬物爽者鮮矣每逢同儕必勸令讀是書而傳本甚少慨然欲重梓以公同好去年春明府勾章謝公刻子柔先生等集工匠稿不應手屢欲散去元調寔董較勘始謀翻刻以寓羈縻而所蓄本未免舛訛適丘子成

先生家藏舊書得向不全本攷其序乃弘治中
沁水侍御李公瀚所刻又從友人沈子誨借得
殘落數卷會之良合然舛訛較所蓄本尤多參
伍是正爲改定千餘字仍闕其疑明府公遂爲
之序復紀其重刻之故以告我後人嗟乎二十
年之間曩時相與讀是書者遭逢
聖明當古平章軍國之任元調獨窮老不遇啜
粥飲水優游江海之濱聊以整頓舊書爲樂事
曾不得信其舌而奮其筆何其落之甚也上有

稷禼下有巢由道並行而不相悖均之爲太平之象亦各言其志也已矣崇禎三年三月朔嘉定馬元調書於僦居之紙窗竹屋

重刻容齋隨筆紀事

容齋隨筆目錄

第一卷 二十五則

第二卷　二十四則

第三卷二十一則

第四卷二十三則

鬼宿度河　府名軍額

馬融皇甫規　孟蜀避唐諱

翰苑親近　寧馨阿堵

鳳毛　牛米

石鼓歌過實　送孟東野序

噴嚏　野史不可信

謗書　王文正公

晉文公　南夷服諸葛

二疏贊　李宓伐南詔

浮梁陶器

第五卷二十五則

第六卷十九則

姓氏不可考　畏無難

緑竹青青　孔子欲討齊

韓退之　誕節受賀

左氏書事　狐突言詞有味

宣髮　郗文公楚昭王

杜悰　唐書世系表

魯昭公　州縣失故名

嚴州當爲莊

第七卷十八則

◎

孟子書百里奚　韓柳爲文之旨
李習之論文　魏鄭公諫語
虞世南　七發
將軍官稱　北道主人
洛中盱江八賢　王導小名
漢書用字　姜嫄簡狄
羌慶同音　佐命元臣
名世英宰　檀弓誤字
薛能詩　漢晉太常

第八卷十五則

第九卷 二十八則

第十卷　二十則

第十一卷　十六則

第十二卷十八則

第十三卷 十八則

元次山元子　次山謝表
光武仁君
第十五卷十九則
張文潛哦蘇杜詩　任安田仁
杜延年杜欽　范曄作史
唐詩人名不顯者　蘇子由詩
呼君爲爾汝　世事不可料
蔡君謨帖語　孔氏野史
有若　張天覺爲人

第十六卷 十九則

容齋隨筆目録

容齋隨筆卷第一 二十九則

予老去習懶讀書不多意之所之隨即紀録因其後先無復詮次故目之曰隨筆淳熙庚子鄱陽洪邁景盧

歐率更帖

臨川石刻雜法帖一卷載歐陽率更一帖云年二十餘至鄱陽地沃土平飲食豐賤衆士往往湊聚每日賞華恣口所須其二張才華議論一時俊傑殷薛二侯故不可言戴君國士出言便

是月旦蕭中郎頗縱放誕亦有雅致彭君摛藻
特有自然至如閣山神詩先輩亦不能加此數
子遂無一在殊使痛心兹蓋吾鄉故實也

羅處士誌

襄陽有隋處士羅君墓誌曰君諱靖字禮襄陽
廣昌人高祖長卿齊饒州刺史曾祖弘智梁殿
中將軍祖養父靖學優不仕有名當代碑字畫
勁楷類褚河南然父子皆名靖爲不可曉拓拔
魏安同父名屈同之長子亦名屈祖孫同名胡

人無足言者但羅君不應爾也

唐平蠻碑

成都有唐平南蠻碑開元十九年劒南節度副大使張敬忠所立時南蠻大酋長染浪州刺史楊盛顛爲邊患明皇遣内常侍高守信爲南道招慰處置使以討之拔其九城此事新舊唐書及野史皆不載肅宗以魚朝恩爲觀軍容處置使憲宗用吐突承璀爲招討使議者譏其以中人主兵柄不知明皇用守信蓋有以啓之也裴

光庭藹嵩時爲相無無足責者楊氏苗裔至今猶連晟字云

半擇迦

大般若經云梵言扇搋半擇迦唐言黃門其類有五一曰半擇迦揔名也有男根用而不生子二曰伊利沙半擇迦此云妬謂他行欲即發不見即無亦具男根而不生子三曰扇搋半擇迦謂本來男根不滿亦不能生子四曰博叉半擇迦謂半月能男半月不能男五曰留拏半擇迦

此云割謂被割刑者此五種黃門名爲人中惡
趣受身處搋音丑皆反

六十四種惡口

大集經載六十四種惡口之業曰麄語軟語非
時語妄語瀨語大語高語輕語破語不了語散
語低語仰語錯語惡語畏語吃語諍語諂語誑
語惱語怯語邪語罪語啞語入語燒語地語獄
語虛語慢語不愛語說罪咎語失語別離語利
害語兩舌語無義語無護語喜語狂語殺語害

語繫語鬧語縛語打語歌語非法語自讚嘆語
説他過語説三寶語

八月端午

唐玄宗以八月五日生以其日爲千秋節張説
上大衍曆序云謹以開元十六年八月端午赤
光照室之夜獻之唐類表有宋璟請以八月五
日爲千秋節表云月惟仲秋日在端午然則凡
月之五日皆可稱端午也

贊公少公

唐人呼縣令爲明府丞爲贊府尉爲少府李太白集有餞陽曲王贊公賈少公石艾尹少公序盖陽曲丞尉石艾尉也贊公少公之語益奇

郭璞葬地

世說郭景純過江居于暨陽墓去水不盈百步時人以爲近水景純曰將當爲陸今沙漲去墓數十里皆爲桑田此說蓋以郭爲先知也世傳錦囊葬經爲郭所著行山卜宅兆者印爲元龜然郭能知水之爲陸獨不能卜吉以免其非命

乎厠上銜刀之見淺矣

黃魯直詩

徐陵鴛鴦賦云山雞映水那相得孤鸞照鏡不成雙天下真成長會合無勝比翼兩鴛鴦黃魯直題畫睡鴨曰山雞照影空自愛孤鸞舞鏡不作雙天下真成長會合兩鳧相倚睡秋江全用徐語點化之末句尤精工又有黔南十絶盡取白樂天語其七篇全用之其三篇頗有改易處樂天寄行簡詩凡八韻後四韻云相去六千里

地絶天邈然十書九不達何以開憂顔渴人多
夢飲饑人多夢飡春來夢何處合眼到東川魯
直翦爲兩首其一云相望六千里天地隔江山
十書九不到何用一開顔其二云病人多夢醫
因人多夢赦如何春來夢合眼在鄉社樂天歳
晩詩七韻首句云霜降水返壑風落木歸山冉
冉歳將晏物皆復本源魯直改後兩句七字作
冉冉歳華晩昆蟲皆閉關

禹治水

禹貢敍治水以冀兖青徐揚荆豫梁雍爲次致地理言之豫居九州中與兖徐接境何爲自徐之揚顧以豫爲後乎蓋禹順五行而治之耳冀爲帝都既在所先而地居北方實於五行爲水水生木木東方也故次之以兖青徐木生火火南方也故次之以揚荆火生土土中央也故次之以豫土生金金西方也故終於梁雍所謂彝倫攸敘者此也與鯀之汩陳五行相去遠矣此説予得之魏幾道

敕勒歌

魯直題陽關圖詩云想得陽關更西路北風低草見牛羊又集中有書韋深道諸帖云斛律明月胡兒也不以文章顯老胡以重兵困敕勒川召明月作歌以排悶倉卒之間語奇壯如此蓋率意道事實耳予按古樂府有敕勒歌以爲齊高歡攻周玉壁而敗恚憤疾發使斛律金唱敕勒歡自和之其歌本鮮卑語詞曰敕勒川陰山下天似穹廬籠罩四野天蒼蒼野茫茫風吹草

低見牛羊魯直所題及詩中所用蓋此也但誤
以斛律金爲明月明月名光金之子也歡敗於
玉壁亦非困於敕勒川

淺妄書

俗間所傳淺妄之書如所謂雲仙散録老杜事
實開元天寶遺事之屬皆絶可笑然士大夫或
信之至以老杜事實爲東坡所作者今蜀本刻
杜集遂以入注孔傳續六帖采摭唐事殊有工
而悉載雲仙録中事自穢其書開天遺事託云

王仁裕所著仁裕五代時人雖文章之氣骨恐
不至此姑析其數端以爲笑其一云姚元崇開
元初作翰林學士有步輦之召按元崇自武后
時已爲宰相及開元初三入輔矣其二云郭元
振少時美風姿宰相張嘉貞欲納爲壻遂牽紅
絲線得第三女果隨夫貴達按元振爲睿宗宰
相明皇初年即貶死後十年嘉貞方作相其三
云楊國忠盛時朝之文武爭附之以求富貴惟
張九齡未嘗及門按九齡去相位十年國忠方

得官耳其四云張九齡覽蘇頲文卷謂爲文陣之雄師按頲爲相時九齡元未達也此皆顯顯可言者固鄙淺不足攻然頗能疑誤後生也惟張彖指楊國忠爲冰山事資治通鑑亦取之不知别有何据近歲與化軍學刊遺事南劍州學刊散録皆可毁

五臣注文選

東坡詆五臣注文選以爲荒陋予觀選中謝玄暉和王融詩云阽危頼宗衮微管寄明牧正謂

謝安謝玄安石於玄暉爲遠祖以其爲相故曰
宗袞而李周翰注云宗袞謂王導導與融同宗
言晉國臨危賴王導而破符堅牧謂謝玄亦同
破堅者夫以宗袞爲王導固可笑然猶以和王
融之故微爲有說至以導爲與謝玄同破符堅
乃是全不知有史策而狂妄注書所謂小兒强
解事也唯李善注得之

文煩簡有當

歐陽公進新唐書表曰其事則增於前其文則

省於舊夫文貴於達而巳繁與省各有當也史
記衛青傳按尉李朔按尉趙不虞按尉公孫戎
奴各三從大將軍獲王以千三百戸封朔爲涉
軹侯以千三百戸封不虞爲隨成侯以千三百
戸封戎奴爲從平侯前漢書但云按尉李朔趙
不虞公孫戎奴各三從大將軍封朔爲涉軹侯
不虞爲隨成侯戎奴爲從平侯比於史記五十
八字中省二十三字然不若史記爲朴贍可喜

地險

古今言地險者以謂函秦宅關河之勝齊負海岱趙魏據大河晉表裏河山蜀有劒門瞿唐之阻楚國方城以爲城漢水以爲池吳長江萬里兼五湖之固皆足以立國唯宋衞之郊四通五達無一險可恃然東漢之末袁紹跨有青冀幽并四州韓遂馬騰輩分據關中劉璋擅蜀劉表居荆州呂布盜徐袁術包南陽壽春孫策取江東天下形勝盡矣曹操晚得兖州偪彊其間終之夷羣雄覆漢祚議者尚以爲操挾天子以自

重故能成功而唐僖昭之時方鎮擅地王氏有趙百年羅洪信在魏劉仁恭在燕李克用在河東王重榮在蒲朱宣朱瑾在兖鄆時溥在徐王敬武在淄青楊行密在淮南王建在蜀天子都長安鳳翔邠華三鎮㓕立爲梗李茂貞韓建皆嘗劫遷乘輿而朱温區區以汴宋亳潁巋然中居及其得志乃與操等以在德不在險爲言則操温之德又可見矣

史記世次

史記所紀帝王世次最爲不可考信且以稷契
論之二人皆帝嚳子同仕於唐虞契之後爲商
自契至成湯凡十三世歷五百餘年稷之後爲
周自稷至武王凡十五世歷千一百餘年王季
蓋與湯爲兄弟而世之相去六百年既已可疑
則周之先十五世須每世皆在位七八十年又
皆暮年所生嗣君乃合此數則其所享壽皆當
過百年乃可其爲謾誕不稽無足疑者國語所
載太子晉之言曰自后稷之始基靖民十五王

而文始平之旨不然也

解釋經旨

解釋經旨貴於簡明惟孟子獨然其稱公劉之詩乃積乃倉乃裹餱糧于橐于囊思戢用光弓矢斯張干戈戚揚爰方啓行而釋之之詞但云故居者有積倉行者有裹糧也然後可以爰方啓行其稱烝民之詩天生烝民有物有則民之秉夷好是懿德而引孔子之語以釋之但曰故有物必有則民之秉夷也故好是懿德用兩故

字一必字一也字而四句之義昭然彼訓曰若稽古三萬言眞可覆醬瓿也

坤動也剛

坤卦文言曰坤至柔而動也剛王弼云動之方正不爲邪也程伊川云坤道至柔而其動則剛動剛故應乾不違張橫渠云柔亦有剛靜亦有動但舉一體則有屈伸動靜終始又云積大勢成而然東坡云夫物非剛者能剛惟柔者能剛畜而不發及其極也發之必決張葆光但以

訓六二之直陳了翁云至柔至靜坤之至也剛
者道之動方者靜之德柔剛靜動坤元之道之
德也郭雍云坤雖以柔靜爲主苟無方剛之德
不足以含洪光大諸家之説率不外此予頃見
臨安退居庵僧曇瑩云動者謂爻之變也坤不
動則已動則陽剛見焉在初爲復在二爲師在
三爲謙自是以往皆剛也其説最爲分明有理

樂天侍兒

世言白樂天侍兒唯小蠻樊素二人子讀集中

小庭亦有月一篇云菱角執笙簧谷兒抹琵琶紅綃信手舞紫綃隨意歌自注曰菱谷紫紅皆小臧獲名若然則紅紫二綃亦女奴也

白公詠史

東坡志林云白樂天嘗爲王涯所讒貶江州司馬甘露之禍樂天有詩云當君白首同歸日是我青山獨往時不知者以樂天爲幸之樂天豈幸人之禍者哉蓋悲之也予讀白集有詠史一篇注云九年十一月作其詞曰秦磨利刃斬李

斯齊燒沸鼎亭鄽其可憐黄綺入商洛閒卧白
雲歌紫芝彼爲葅醢机上盡此作鸞凰天外飛
去者逍遥來者死乃知禍福非天爲正爲甘露
事而作其悲之之意可見矣
十年爲一秩
白公詩云已開第七秩飽食仍安眠又云年開
第七秩屈指幾多人是時年六十二元日詩也
又一篇云行開第八秩可謂盡天年注曰時俗
謂七十以上爲開第八秩蓋以十年爲一秩云

司馬温公作慶文潞公八十會致語云歲曆行開九帙新亦用此也

裴晉公禊事

唐開成二年三月三日河南尹李待價將禊於洛濱前一日啓留守裴令公公明日召太子少傅白居易太子賓客蕭籍李仍叔劉禹錫中書舍人鄭居中等十五人合宴于舟中自晨及暮前水嬉而後妓樂左筆硯而右壺觴望之若仙觀者如堵裴公首賦一章四坐繼和樂天爲十

二韻以獻見於集中今人賦上巳鮮有用其事者予按裴公傳是年起節度河東三年以病丐還東都文宗上巳宴羣臣曲江度不赴帝賜以詩使者及門而度薨與前事相去正一年然樂天又有一篇題云奉和裴令公三月上巳日游太原龍泉憶去歲禊洛之作是開成三年詩則度以四年三月始薨新史以爲三年誤也宰相表却載其三年十二月爲中書令四年三月薨而帝紀全失書獨舊史紀傳爲是

司字作入聲

白樂天詩好以司字作入聲讀如云四十著緋軍司馬男兒官職未蹉跎一爲州司馬三見歲重陽是也又以相字作入聲如云爲問長安月誰教不相離是也相字之下自注云思必切以十字作平聲讀如云在郡六百日入山十二回綠浪東西南北路紅欄三百九十橋是也以琵字作入聲讀如云四絃不似琵琶聲亂寫眞珠細撼鈴忽聞水上琵琶聲是也武元衡亦有句

云唯有白須張司馬不言名利尚相從

樂天新居詩

白樂天自杭州刺史分司東都有題新居呈王尹兼簡府中三掾詩云弊宅須重葺貧家乏羨財橋憑州守造樹倩府寮栽朱板新猶濕紅英暖漸開仍期更攜酒倚檻看花來乃知唐世風俗尚爲可喜今人居閒而郡守爲之造橋府寮爲之栽樹必遭譏議又肯形之篇詠哉

黃紙除書

樂天好用黃紙除書字如紅旗破賊非吾事黃紙除書無我名正聽山鳥向陽眠黃紙除書落枕前黃紙除書到青宮詔命催

白用杜句

杜子美詩云夜足霑沙雨春多逆水風白樂天詩巫山暮足霑花雨隴水春多逆浪風全用之

唐人重服章

唐人重服章故杜子美有銀章付老翁朱紱負平生扶病垂朱紱之句白樂天詩言銀緋處最

多七言如大抵著緋宜老大一片緋衫何足道
闇淡緋衫稱我身酒典緋花舊賜袍假著緋袍
君莫笑腰間紅綬繫未穩朱紱仙郎白雪歌腰
佩銀龜朱兩輪便留朱紱還鈴閤映我緋衫渾
不見白頭俱未著緋衫緋袍著了好歸田銀魚
金帶繞腰光銀章蹔假爲專城新授銅符未著
緋徒使花袍紅似火似挂緋袍衣架上五言如
未換銀青綬唯添雪白鬢笑我青袍故饒君茜
綬新老逼教垂白官科遣著緋那知垂白日始

是著緋年晚遇何足言白髮映朱紱至於形容衣魚之句如魚綴白金隨步躍鵲銜紅綬繞身飛

詩讖不然

今人富貴中作不如意語少壯時作衰病語詩家往往以爲讖白公十八歲病中作絶句云久爲勞生事不學攝生道少年已多病此身豈堪老然白公壽七十五

青龍寺詩

樂天和錢員外青龍寺上方望舊山詩云舊峯
松雪舊溪雲悵望今朝遥屬君共道使君非俗
吏南山莫動北山文頃於乾道四年講筵開日
蒙上書此章於扇以賜陜使君爲侍臣云

容齋隨筆卷第一

唐重牡丹

歐陽公牡丹釋名云牡丹初不載文字唐人如沈宋元白之流皆善詠花當時有一花之異者彼必形於篇什而寂無傳焉唯劉夢得有詠魚朝恩宅牡丹詩但云一叢千朶而已亦不云其美且異也予按白公集有白牡丹一篇十四韻又秦中吟十篇內買花一章凡百言云共道牡丹時相隨買花去一叢深色花十户中人賦而

諷諭樂府有牡丹芳一篇三百四十七字絕道
花之妖艷至有遂使王公與卿士游花冠蓋日
相望花開花落二十日一城之人皆若狂之語
又寄微之百韻詩云唐昌玉蘂會崇敬牡丹期
注崇敬寺牡丹花多與微之有期又惜牡丹詩
云明朝風起應吹盡夜惜衰紅把火看醉歸盩
厔詩云數日非關王事繫牡丹花盡始歸來元
微之有入永壽寺看牡丹詩八韻和樂天秋題
牡丹叢三韻酬胡三詠牡丹一絕又有五言二

絶句許渾亦有詩云近來無奈牡丹何數十千錢買一窠徐凝云三條九陌花時節萬馬千車看牡丹又云何人不愛牡丹花占斷城中好物華然則元白未嘗無詩唐人未嘗不重此花也

長歌之哀

嬉笑之怒甚於裂眥長歌之哀過於慟哭此語誠然元微之在江陵病中聞白樂天左降江州作絶句云殘燈無焰影憧憧此夕聞君謫九江垂死病中驚起坐暗風吹雨入寒窻樂天以爲

此句他人尚不可聞況僕心哉微之集作垂死病中仍悵望此三字既不佳又不題爲病中作失其意矣東坡守彭城子由來訪之留百餘日而去作二小詩曰逍遥堂後千尋木長送中宵風雨聲誤喜對牀尋舊約不知漂泊在彭城秋來東閣涼如水客去山公醉似泥困卧北牕呼不醒風吹松竹雨凄凄東坡以爲讀之殆不可爲懷乃和其詩以自解至今觀之尚能使人悽然也

韋蘇州

韋蘇州集中有逢楊開府詩云少事武皇帝無賴恃恩私身作里中横家藏亡命兒朝持樗蒱局暮竊東鄰姬司隸不敢捕立在白玉墀驪山風雪夜長楊羽獵時一字都不識飲酒肆頑癡武皇升仙去憔悴被人欺讀書事已晚把筆學題詩兩府始收跡南宮謬見推非才果不容出守撫惸嫠忽逢楊開府論舊涕俱垂味此詩蓋應物自敘其少年事也其不羈乃如此李肇國

史補云應物爲性高潔鮮食寡欲所居焚香掃地而坐其爲詩馳驟建安巳還各得風韻蓋記其折節後來也唐史失其事不爲立傳高適亦少落魄年五十始爲詩即工皆天分超卓不可以常理論云應物爲三衞正天寶間所爲如是而吏不敢捕又以見時政矣

古行宮詩

白樂天長恨歌上陽人歌元微之連昌宮詞道開元間宮禁事最爲深切矣然微之有行宮一

絶句云寥落古行宮宮花寂寞紅白頭宮女在閒坐說玄宗語少意足有無窮之味

隔是

樂天詩云江州去日聽筝夜白髮新生不願聞如今格是頭成雪彈到天明亦任君元微之詩云隔是身如夢頻來不爲名憐君近南住時得到山行格與隔二字義同格是猶言已是也

張良無後

張良陳平皆漢祖謀臣良之爲人非平可比也

平嘗曰我多陰謀道家之所禁吾世即廢矣以吾多陰禍也平傳國至曾孫而以罪絶如其言然良之爵但能至子去其死才十年而絶後世不復紹封其禍更促於平何哉予蓋嘗考之沛公攻嶢關秦將欲連和良曰不如因其懈怠擊之公引兵大破秦軍項羽與漢王約中分天下既解而東歸矣良有養虎自遺患之語勸王回軍追羽而滅之此其事固不止於殺降也其無後宜哉

周亞夫

周亞夫距吳楚堅壁不出軍中夜驚內相攻擊擾亂至於帳下亞夫堅臥不起頃之復定吳奔壁東南陬亞夫使備西北已而果奔西北不得入漢史書之以爲亞夫能持重按亞夫軍細柳時天子先驅至不得入文帝稱其不可得而犯今乃有軍中夜驚相攻之事安在其能持重乎

漢輕族人

爰盎陷鼂錯但云方今計獨有斬錯耳而景帝

使丞相以下劾奏遂至父母妻子同產無少長皆棄市主父偃陷齊王於死武帝欲勿誅公孫丞相爭之遂族偃郭解客殺人吏奏解無罪公孫大夫議遂族解且偃解兩人本不死因議者之言殺之足矣何遽至族乎漢之輕於用刑如此

漏泄禁中語

京房與漢元帝論幽厲事至於十問十荅西漢所載君臣之語未有如是之詳盡委曲者蓋漢

法漏泄省中語爲大罪如夏侯勝出道上語宣
帝責之故退不敢言人亦莫能知者房初見帝
時出爲御史大夫鄭君言之又爲張博道其語
博密記之後竟以此下獄棄市今史所載豈非
獄辭乎王章與成帝論王鳳之罪亦以王音側
聽聞之耳

田叔

貫高謀弑漢祖事發覺漢詔趙王有敢隨王罪
三族唯田叔孟舒等自髡鉗隨王趙王既出上

以叔等爲郡守文帝初立召叔問曰公知天下長者乎曰故雲中守孟舒長者也是時舒坐虜大入雲中免上曰虜入雲中孟舒不能堅守士卒死者數百人長者固殺人乎叔叩頭曰夫貫高等謀反天子下明詔趙有敢隨張王者罪三族然孟舒自髡鉗隨張王以身死之豈自知爲雲中守哉是乃所以爲長者上曰賢哉孟舒復召以爲雲中守按田叔孟舒同隨張王令叔指言舒事幾於自薦矣叔不自以爲嫌但欲直孟

舒之事文帝不以爲過一言開悟爲之復用舒君臣之誠意相與如此

孟舒魏尚

雲中守孟舒坐虜大入雲中免田叔對文帝曰匈奴來爲邊寇孟舒知士卒罷敝不忍出言士爭臨城死敵如子爲父以故死者數百人孟舒豈毆之哉上曰賢哉孟舒復召以爲雲中守又馮唐對文帝曰魏尚爲雲中守虜嘗一入尚率車騎擊之士卒終日力戰上功幕府坐首虜差

六級下吏削爵臣以爲陛下罰太重上赦魏尚復以爲雲中守按孟舒魏尚皆以文帝時爲雲中守皆坐匈奴入寇獲罪皆得士死力皆用他人言復故官事切相類疑其只一事云

秦用他國人

七國虎爭天下莫不招致四方游士然六國所用相皆其宗族及國人如齊之田忌田嬰田文韓之公仲公叔趙之奉陽平原君魏王至以太子爲相獨秦不然其始與之謀國以開霸業者

魏人公孫鞅也其他若樓緩趙人張儀魏冉范雎皆魏人蔡澤燕人呂不韋韓人李斯楚人皆委國而聽之不疑卒之所以兼天下者諸人之力也燕昭王任郭隗劇辛樂毅幾滅强齊辛毅皆趙人也楚悼王任吳起爲相諸侯患楚之强蓋衞人也

曹參趙括

漢高祖疾甚呂后問曰蕭相國既死誰令代之上曰曹參可蕭何事惠帝病上問曰君即百歲

後誰可代君對曰知臣莫若主帝曰曹參何如
曰帝得之矣曹參相齊聞何薨告舍人趣治行
吾且入相居無何使者果召參趙括自少時學
兵法其父奢不能難然不謂善謂其母曰趙若
必將之破趙軍者必括也後廉頗與秦相持秦
應侯行千金爲反間於趙曰秦之所畏獨趙括
耳趙王以括代頗將藺相如諫王不聽括母上
書言括不可使王又不聽秦王聞括已爲趙將
乃陰使白起代王齕遂勝趙曹參之宜爲相高

祖以爲可惠帝以爲可蕭何以爲可參自以爲
可故漢用之而興趙括之不宜爲將其父以爲
不可母以爲不可大臣以爲不可秦王知之相
應侯知之將白起知之獨趙王以爲可故用之
而敗嗚呼將相安危所係可不監哉且秦以白
起易王齕而趙乃以括代廉頗不待於戰而勝
負之形見矣

信近於義

信近於義言可復也恭近於禮遠恥辱也因不

失其親亦可宗也程明道曰因恭信而不失其所以親近於禮義故亦可宗伊川曰因不失於相近亦可尚也又曰因其近禮義而不失其親亦可宗也況於盡禮義者乎范純父曰君子所因者本而立愛必自親始親親必及人故曰因不失其親呂與叔分爲三事謝顯道曰君師友三者雖非天屬亦可以親捨此三者之外吾恐不免於諂瀆惟親不失其所親然後可爲宗也楊中立曰信不失義恭不悖禮又因不失其親

焉是亦可宗也尹彥明曰因其近雖未足以盡禮義之本亦不失其所宗尚也予竊以謂義與禮之極多至於不親能至於不失其親斯爲可宗也然未敢以爲是

剛毅近仁

剛毅者必不能令色木訥者必不爲巧言此近仁鮮仁之辨也

忠恕違道

曾子曰夫子之道忠恕而已矣中庸曰忠恕違

道不遠學者疑爲不同伊川云中庸恐人不喻
乃指而示之近又云忠恕固可以貫道子思恐
人難曉故降一等言之又云中庸以曾子之言
雖是如此又恐人尚疑忠恕未可便爲道故曰
違道不遠游定夫云道一而已豈參彼此所能
豫哉此忠恕所以違道爲其未能一以貫之也
雖然欲求入道者莫近於此此所以違道不遠
也揚中立云忠恕固未足以盡道然而違道不
遠矣侯師聖云子思之忠恕施諸已而不願亦

勿施於人此已是違道若聖人則不待施諸已
而不願然後勿施諸人也諸公之説大抵不同
予竊以爲道不可名言既麗於忠恕之名則爲
有迹故曰違道然非忠恕二字亦無可以明道
者故曰不遠非謂其未足以盡道也違者違去
之謂非違畔之謂老子曰上善若水水善利萬
物而不爭處衆人之所惡故幾於道蘇子由解
云道無所不在無所不利而水亦然然而既已
麗於形則於道有間矣故曰幾於道然而可名

之善未有若此者故曰上善其説與此畧同

求爲可知

不患無位患所以立不患莫己知求爲可知也爲之説者皆以爲當求爲可知之行唯謝顯道云此論猶有求位求可知之道在至論則不然難用而莫我知斯我貴矣夫復何求予以爲君子不以無位爲患而以無所立爲患不以莫己知爲患而以求爲可知爲患第四句蓋承上文言之夫求之有道若汲汲然求爲可知則亦無

所不至矣

里仁

里仁爲美擇不處仁焉得智孟子論函矢巫匠之術而引此以質之説者多以里爲居居以親仁爲美予嘗記一説云函矢巫匠皆里中之仁也然於仁之中有不仁存焉則仁亦在夫擇之而已矣嘗與鄭景望言之景望不以爲然予以爲此特謂閭巷之間所推以爲仁者固在所擇正合孟子之意不然仁之爲道大矣尚安所擇

而處哉

漢采衆議

漢元帝時珠厓反連年不定上與有司議大發軍待詔賈捐之建議以爲不當擊上以問丞相御史御史大夫陳萬年以爲當擊丞相于定國以爲捐之議是上從之遂罷珠厓郡匈奴呼韓邪單于既事漢上書願保塞上谷以西請罷邊備塞吏卒以休天子人民天子令下有司議議者皆以爲便郎中侯應習邊事以爲不可許上

問狀應對十策有詔勿議罷邊塞事成帝時匈奴使者欲降下公卿議議者言宜如故事受其降光禄大夫谷永以爲不如勿受天子從之使者果詐也哀帝時單于求朝帝欲止之以問公卿亦以爲虚費府帑可且勿許單于使辭去黄門郎揚雄上書諫天子寤焉召還匈奴使者更報單于書而許之安帝時大將軍鄧隲欲棄凉州并力北邊會公卿集議皆以爲然郎中虞詡陳三不可乃更集四府皆從詡議北匈奴復强

西域諸國既絶於漢公卿多以爲宜閉玉門關絶西域鄧太后召軍司馬班勇問之勇以爲不可於是從勇議順帝時交阯蠻叛帝召公卿百官及四府掾屬問以方略皆議遣大將發兵赴之議郎李固駁之乞選刺史太守以往四府悉從固議嶺外復平靈帝時涼州兵亂不解司徒崔烈以爲宜棄詔會公卿百官議之議郎傅燮以爲不可帝從之此八事者所係利害甚大一時公卿百官既同定議矣賈捐之以下八人皆

以郎大夫之微獨陳異說漢元成哀安順靈皆非明主悉能違衆而聽之大臣無賢愚亦不復執前說蓋猶有公道存焉每事皆能如是天下其有不治乎

漢母后

漢母后預政不必臨朝及少主雖長君亦然文帝繫周勃薄太后曰絳侯綰皇帝璽將軍於北軍不以此時反今居一小縣顧欲反邪帝謝曰吏方驗而出之遂赦勃吳楚反誅景帝欲續之

竇太后曰吳王老人也宜爲宗室順善今乃首亂天下柰何續其後不許吳許立楚後郅都害臨江王竇太后怒會匈奴中都以漢法帝曰都忠臣欲釋之后曰臨江王獨非忠臣乎於是斬都武帝用王臧趙綰太皇竇太后不悅儒術綰請毋奏事東宮后大怒求得二人姦利事以責上上下綰臧吏殺之竇嬰田蚡廷辯王太后大怒不食曰我在也而人皆藉吾弟且帝寧能爲石人邪帝不直蚡特爲太后故殺嬰韓嫣得幸

於上江都王爲太后泣請得入宿衛比嫣后繇此銜嫣嫣以姦聞后使使賜嫣死上爲謝終不能得成帝幸張放太后以爲言帝常涕泣而遣之

田千秋郅惲

漢武帝殺戾太子田千秋訟太子寃曰子弄父兵當何罪帝大感悟曰父子之間人所難言也公獨明其不然公當遂爲吾輔佐遂拜爲丞相光武廢郭后郅惲言曰夫婦之好父不能得之

於子況臣能得之於君乎是臣所不敢言雖然
願陛下念其可否之計無令天下有議社稷而
已帝曰惲善恕已量主遂以郭氏爲中山王太
后卒以壽終此二人者可謂善處人骨肉之閒
諫不費詞婉而能入者矣

戾太子

戾太子死武帝追悔爲之族江充家黃門蘇文
助充譖太子至於焚殺之李壽加兵刃於太子
亦以他事族田千秋以一言至爲丞相又作思

子宮爲歸來望思之臺然其孤孫因繫於郡邸
獨不能釋之至於掖庭令養視而不問也豈非
漢法至嚴既坐太子以反逆之罪雖心知其寃
而有所不赦者乎

灌夫任安

竇嬰爲丞相田蚡爲太尉同日免蚡後爲丞相
而嬰不用無埶諸公稍自引而怠驁唯灌夫獨
否衛青爲大將軍霍去病才爲校尉已而皆爲
大司馬青日衰去病日益貴青故人門下多去

事去病唯任安不肯去灌夫任安可謂賢而知義矣然皆以他事卒不免於族誅事不可料如此

單于朝漢

漢宣帝黃龍元年正月匈奴單于來朝二月歸國十二月帝崩元帝竟寧元年正月又來朝五月帝崩故哀帝時單于願朝時帝被疾或言匈奴從上游來厭人自黃龍竟寧時中國輒有大故上由是難之既不許矣俄以揚雄之言復許

之然元壽二年正月單于朝六月帝崩事之偶然符合有如此者

容齋隨筆卷第二

容齋隨筆卷第三　二十一則

進士試題

唐穆宗長慶元年禮部侍郎錢徽知舉放進士鄭朗等三十三人後以段文昌言其不公詔中書舍人王起知制誥白居易重試駁放盧公亮等十人貶徽江州刺史白公集有奏狀論此事大略云伏料自欲重試進士以來論奏者甚衆蓋以禮部試進士例許用書策兼得通宵得通宵則思慮必周用書冊則文字不錯昨重試之

日書策不容一字木燭只許兩條迫促驚忙幸
皆成就若比禮部所試事挍不同及駮放公亮
等勑文以爲孤竹管賦出於周禮正經閱其程
試之文多是不知本末乃知唐試進士許挾書
及見燭如此國朝淳化三年太宗試進士出巵
言日出賦題孫何等不知所出相率扣殿檻乞
上指示之上爲陳大義景德二年御試天道猶
張弓賦後禮部貢院言近年進士惟鈔略古今
文賦懷挾入試昨者御試以正經命題多懵所

出則知題目不示以出處也大中祥符元年試禮部進士内出清明象天賦等題仍録題解摹印以示之至景祐元年始詔御藥院御試日進士題目具經史所出摹印給之更不許上請

儒人論佛書

韓文公送文暢序言儒人不當舉浮屠之説以告僧其語云文暢浮屠也如欲聞浮屠之説當自就其師而問之何故謁吾徒而來請也元微之作永福寺石壁記云佛書之妙奥僧當為予

言予不當爲僧言二公之語可謂至當

和歸去來

今人好和歸去來詞予最敬晁以道所言其答李持國書云足下愛淵明所賦歸去來辭遂同東坡先生和之僕所未喻也建中靖國間東坡和歸去來初至京師其門下賓客從而和者數人皆自謂得意也陶淵明紛然一日滿人目前矣參寥忽以所和篇示予率同賦予謝之曰童子無居位先生無並行與吾師共推東坡一人

於淵明閒可也參寥即索其文袖之出吳音曰罪過公悔不先與公話今輒以厚於參寥者爲子言昔大宋相公謂陶公歸去來是南北文章之絕唱五經之鼓吹近時繪畫歸去來者皆作大聖變和其辭者如即事遣興小詩皆不得正中者也

四海一也

海一而已地之勢西北高而東南下所謂東北南三海其實一也北至於青滄則云北海南至

於交廣則云南海東漸吳越則云東海無由有所謂西海者詩書禮經所載四海蓋引類而言之漢西域傳所云蒲昌海疑亦渟居一澤爾班超遣甘英徃條支臨大海蓋即南海之西云

李太白

世俗多言李太白在當塗采石因醉泛舟於江見月影俯而取之遂溺死故其地有捉月臺予按李陽冰作太白草堂集序云陽冰試弦歌於當塗公疾亟草藁萬卷手集未修枕上授簡俾

爲序又李華作太白墓誌亦云賦臨終歌而卒乃知俗傳良不足信蓋與謂杜子美因食白酒牛炙而死者同也

太白雪讒

李太白以布衣入翰林既而不得官唐史言高力士以脫鞾爲恥摘其詩以激楊貴妃爲妃所沮止今集中有雪讒詩一章大率載婦人淫亂敗國其略云彼婦人之猖狂不如鵲之彊彊彼婦人之淫昏不如鶉之奔奔坦蕩君子無悅簧

言又云妲已滅紂褒女惑周漢祖呂氏食其在傍秦皇太后毐亦淫荒蝃蝀作昏遂掩太陽萬乘尚爾匹夫何傷詞殫意窮心切理直如或妄談昊天是殛予味此詩豈非貴妃與禄山淫亂而白曾發其姦乎不然則飛燕在昭陽之句何足深怨也

冉有問衛君

冉有曰夫子爲衛君乎子貢曰吾將問之入曰伯夷叔齊何人也曰古之賢人也曰怨乎曰求

仁而得仁又何怨出曰夫子不爲也說者皆許
較蒯聵輒之是非多至數百言惟王逢原以十
字蔽之曰賢兄弟讓知惡父子爭矣最爲簡妙
蓋夷齊以兄弟讓國而夫子賢之則不與衛君
以父子爭國可知矣晁以道亦有是語而結意
不同尹彥明之說與逢原同唯楊中立云世之
說者以謂善兄弟之讓則惡父子之爭可知失
其旨矣其意爲不可曉

商頌

宋自微子至戴公禮樂廢壞正考甫得商頌十二篇於周之太師後又亡其七至孔子時所存才五篇爾宋商王之後也於先代之詩如是則其他可知夫子所謂商禮吾能言之宋不足證也蓋有歎於此杞以夏后之裔至於用夷禮尚何有於文獻哉郯國小於杞宋少昊氏遠於夏商而鳳鳥名官郯子枚數不忘曰吾祖也我知之其亦賢矣

俗語有所本

俗語謂錢一貫有畸曰千一千二米一石有畸曰石一石二長一丈有畸曰丈一丈二之類按考工記殳長尋有四尺注云八尺曰尋殳長丈二史記張儀傳尺一之檄漢淮南王安書云丈一之組匈奴傳尺一牘後漢尺一詔書唐城南去天尺五之類然則亦有所本云

鄱陽學

鄱陽學在城外東湖之北相傳以爲范文正公作郡守時所創予攷國史范公以景祐三年乙

亥歲四月知饒州四年十二月詔自今須藩鎮
乃得立學他州勿聽是月范公移潤州余襄公
集有饒州新建州學記實起於慶曆五年乙酉
歲其郡守曰都官員外郎張君其略云先是郡
先聖祠宫棟宇隳剥前守亦嘗相土而未遑締
治於是即其基於東湖之北偏而經營之浮梁
人金君卿郎中作郡學莊田記云慶曆四年春
詔郡國立學時守都官副郎張侯譚始營之明
年學成與余公記合范公在饒時延君卿置館

舍使公有意建學記中豈無一言及之蓋是時公既爲執政去郡十年矣所謂前守相士者不知爲何人

國忌休務

刑統載唐大和七年勑准令國忌日唯禁飲酒舉樂至於科罰人吏都無明文但緣其日不合釐務官曹即不得決斷刑獄其小小笞責在禮律固無所妨起今以後縱有此類臺府更不要舉奏舊唐書載此事因御史臺奏均王傅王堪

男國忌日於私第科決作人故降此詔蓋唐世國忌休務正與私忌義等故雖刑獄亦不決斷謂之不合釐務者此也今在京百官唯雙忌作假以其拜跪多又晝漏已數刻若單忌獨三省歸休耳百司坐曹決獄與常日亡異視古誼為不同元微之詩云縛遣推囚名御史狼藉囚徒滿田地明日不推緣國忌又可證也

漢昭順二帝

漢昭帝年十四能察霍光之忠知燕王上書之

詐誅桑弘羊上官桀後世稱其明然和帝時竇
憲兄弟專權太后臨朝共圖殺害帝陰知其謀
而與内外臣僚莫由親接獨知中常侍鄭衆不
事豪黨遂與定議誅憲時亦年十四其剛決不
下昭帝但范史發明不出故後世無稱焉順帝
時梁商爲大將軍輔政商以小黄門曹節用事
於中遣子冀與交友而宦官忌其寵反欲害之
中常侍張逵蘧政楊定等與左右連謀共譖商
及中常侍曹騰孟賁云欲議廢立請收商等按

罪帝曰大將軍父子我所親騰貴我所愛必無
是但汝曹共妬之耳逵等知言不用遂由矯詔
收縛騰貴帝震怒收逵等殺之此事尤與昭帝
相類霍光忠於國而爲子禹覆其宗梁商忠於
國而爲子冀覆其宗又相似但順帝復以政付
冀其明非昭帝比故不爲人所稱

三女后之賢

王莽女爲漢平帝后自劉氏之廢常稱疾不朝
會莽敬憚傷哀欲嫁之后不肯及莽敗后曰何

面目以見漢家自投火中而死楊堅女爲周宣帝后知其父有異圖意頗不平形於言色及禪位憤惋愈甚堅內甚愧之欲奪其志后誓不許乃止李昇女爲吳太子璉妃昇既簒吳封爲永興公主妃聞人呼公主則流涕而辭三女之事略同可畏而仰彼爲其父者安所置愧乎

賢父兄子弟

宋謝晦爲右衛將軍權遇已重自彭城還都迎家賓客輻湊兄瞻驚駭曰汝名位未多而人歸

趣乃爾此豈門戶之福邪乃以籬隔門庭曰吾不忍見此又言於宋公裕特乞降黜以保衰門及晦立佐命功瞻意憂懼遇病不療而卒晦果覆其宗顔竣於孝武有功貴重其父延之常語之曰吾平生不喜見要人今不幸見汝嘗早詣竣見賓客盈門竣尚未起延之怒曰汝出糞土之中升雲霞之上遽驕傲如此其能久乎竣竟爲孝武所誅延之瞻可謂賢父兄矣隋高熲拜爲僕射其母戒之曰汝富貴已極但有一斫頭

爾頻由是常恐禍變及罷免爲民歡然無恨色後亦不免爲煬帝所誅唐潘孟陽爲侍郎年未四十母曰以爾之材而位丞郎使吾憂之嚴武卒母哭曰而今而後吾知免爲官婢三者可謂賢母矣褚淵助蕭道成篡宋爲齊淵從弟炤謂淵子賁曰不知汝家司空將一家物與一家亦復何謂及淵爲司徒炤歎曰門戶不幸乃復有今日之拜淵卒世子賁恥其父失節服除遂不仕以爵與其弟屏居終身齊王晏助明帝奪國

從第思遠曰兄將來何以自立若及此引決猶可保全門戶及拜驃騎將軍集會子第謂思遠兄思徵曰隆昌之末阿戎勸吾自裁若從其語豈有今日思遠曰如阿戎所見今猶未晩也晏歎曰世乃有勸人死者晏果爲明帝所誅炤責思遠可謂賢子第矣

蔡君謨帖

蔡君謨一帖云襄昔之爲諫臣與今之爲詞臣一也爲諫臣有言責世人自見疎今無是焉世

人見親襄之於人未始異之而人之觀故有以異也觀此帖乃知昔時居臺諫者爲人所踈如此今則反是方爲此官時其門揮汗成雨一徙他局可張爵羅風俗媮薄甚矣又有送荔枝與昭文相公一帖云襄再拜宿來伏惟台候起居萬福閩中荔枝唯陳家紫號爲第一輒獻左右以伸野芹之誠幸賜收納謹奉手狀上聞不宣襄上昭文相公閤下是時侍從與宰相往還其禮蓋如是今之不情苛禮吁可厭哉

親王與從官往還

神宗有御筆一紙乃爲頼王時封還李受門狀者狀云右諫議大夫天章閣待制兼侍講李受起居皇子大王而其外封題曰台銜回納下云皇子忠武軍節度使檢校太尉同中書門下平章事上柱國頼王名謹封名乃親書其後受之子覆以黃繳進故藏于顯謨閣先公得之於燕始知國朝故事親王與從官往還公禮如此

三傳記事

秦穆公襲鄭晉納邾捷菑三傳所書略相似左氏書秦事曰杞子自鄭告于秦曰潛師以來國可得也穆公訪諸蹇叔蹇叔曰勞師以襲遠非所聞也且行千里其誰不知公辭焉召孟明出師蹇叔哭之曰孟子吾見師之出而不見其入也公曰爾何知中壽爾墓之木拱矣蹇叔之子與師哭而送之曰晉人禦師必於殽殽有二陵焉必死是閒余收爾骨焉秦師遂東公羊曰秦伯將襲鄭百里子與蹇叔子諫曰千里而襲人未

有不亡者也秦伯怒曰若爾之年者宰上之木拱矣爾曷知師出百里子與蹇叔子送其子而戒之曰爾即死必於殽嶔巖吾將尸爾焉子揖師而行百里子與蹇叔子從其子而哭之秦伯怒曰爾曷爲哭吾師對曰臣非敢哭君師哭臣之子也穀梁曰秦伯將襲鄭百里子與蹇叔子諫曰千里而襲人未有不亡者也秦伯曰子之冢木已拱矣何知師行百里子與蹇叔子送其子而戒之曰女死必於殽之巖唫之下我將尸

女於是師行百里子與蹇叔子隨其子而哭之
秦伯怒曰何爲哭吾師也二子曰非敢哭師也
哭吾子也我老矣彼不死則我死矣其書邾事
左氏曰邾文公元妃齊姜生定公二妃晉姬生
捷菑文公卒邾人立定公捷菑奔晉晉趙盾以
諸侯之師八百乘納之邾人辭曰齊出貜且長
宣子曰辭順而弗從不祥乃還公羊曰晉郤缺
帥師革車八百乘以納接菑于邾婁力沛然若
有餘而納之邾婁人辭曰接菑晉出也貜且齊

出也子以其指則接菑也四貜且也六子以大國壓之則未知齊晉孰有之也貴則皆貴矣雖然貜且也長郤缺曰非吾力不能納也義實不爾克也引師而去之穀梁曰長轂五百乘緜地千里過宋鄭滕薛夐入千乘之國欲變人之主至城下然後知何知之晚也捷菑晉出也貜且齊出也貜且正也捷菑不正也子謂秦之事穀梁紓餘有味邾之事左氏語簡而切欲爲文記事者當以是觀之

張嘉貞

唐張嘉貞爲并州長史天兵軍使明皇欲相之而忘其名詔中書侍郎韋抗曰朕嘗記其風操今爲北方大將張姓而複名卿爲我思之抗曰非張齊丘乎今爲朔方節度使帝即使作詔以爲相夜閲大臣表疏得嘉貞所獻遂相之議者謂明皇欲大用人而鹵莽若是非得嘉貞表疏則誤相齊丘矣予攷其事大爲不然按開元八年嘉貞爲相而齊丘以天寶八載始爲朔方節

度相去三十年安得如上所云者又是時明皇臨御未久方厲精爲治不應置相而不審其名位蓋鄭處誨所著明皇雜録妄載其事史家誤采之也資治通鑑棄不取云

張九齡作牛公碑

張九齡爲相明皇欲以涼州都督牛仙客爲尚書執不可曰仙客河湟一使典耳擢自胥史目不知書陛下必用仙客臣實恥之帝不恱因是遂罷相觀九齡集中有贈涇州刺史牛公碑蓋

仙客之父譽之甚至云福善莫大於有後仙客爲國之良用商君耕戰之國修充國羌胡之具出言可復所討而然邊捍長城主恩前席正稱其在涼州時與所諫止尚書事亦才一年然則與仙客非有夙嫌特爲公家忠計耳

唐人告命

唐人重告命故顔魯公自書告身今猶有存者韋述集賢注記記一事尤著漫載於此開元二十三年十月制加皇子榮王已下官爵令宰相

及朝官工書者就集賢院寫告身以進於是宰
相張九齡裴耀卿李林甫朝士蕭太師嵩李尚
書暠崔少保琳陳黄門希烈嚴中書挺之張兵
部均韋太常陟褚諫議庭誨等十三人各寫一
通裝縹進內上大悅賜三相絹各三百匹餘官
各二百匹以唐書考之是時十三王並授開府
儀同三司詔諸東宫尚書省上日百官集送有
司供帳設樂悉拜王府官屬而不書此事

典章輕廢

典章故事有一時廢革遂不可復者牧守銅魚
之制新除刺史給左魚到州取州庫右魚合契
周顯德六年詔以特降制書何假符契遂廢之
唐兩省官上事宰臣送上四相共坐一榻各据
一隅謂之押角晉天福五年勑廢之

容齋隨筆卷第三

容齋隨筆卷第四　二十三則

張浮休書

張芸叟與石司理書云頃游京師求謁先達之門每聽歐陽文忠公司馬溫公王荆公之論於行義文史爲多唯歐陽公多教吏事既久之不免有請大凡學者之見先生莫不以道德文章爲欲聞者今先生多教人以吏事所未諭也公曰不然吾子皆時才異日臨事當自知之大抵文學止於潤身政事可以及物吾昔貶官夷陵

方壯年未厭學欲求史漢一觀公私無有也無以遺日因取架閣陳年公案反覆觀之見其枉直乖錯不可勝數以無爲有以枉爲直違法徇情滅親害義無所不有且夷陵荒遠褊小尚如此天下固可知也當時仰天誓心曰自爾遇事不敢忽也是時蘇明允父子亦在焉嘗聞此語又有答孫子發書多論資治通鑑其略云温公嘗曰吾作此書唯王勝之嘗閱之終篇自餘君子求乞欲觀讀未終紙已欠伸思睡矣書十九

年方成中聞受了人多少語言陵藉云云此兩事士大夫罕言之浮休集百卷無此二篇今豫章所刊者附之集後

温公客位牓

司馬温公作相日親書牓稾揭于客位曰訪及諸君若覩朝政闕遺庶民疾苦欲進忠言者請以奏牘聞於朝廷光得與同僚商議擇可行者進呈取旨行之若但以私書寵諭終無所益若光身有過失欲賜規正即以通封書簡分付吏

人令傳入光得内自省訟佩服改行至於整會
官職差遣理雪罪名凡干身計並請一面進狀
光得與朝省衆官公議施行若在私第垂訪不
請語及其再拜咨白乾道九年公之曾孫伋出
鎮廣州道過贑獲觀之

李頎詩

歐陽公好稱誦唐嚴維詩柳塘春水慢花塢夕
陽遲及楊衡竹徑通幽處禪房花木深之句以
爲不可及予絶喜李頎詩云遠客坐長夜雨聲

孤寺秋詩量東海水看取淺深愁且作客涉遠適當窮秋暮投孤村古寺中夜不能寐起坐淒惻而聞簷外雨聲其爲一時襟抱不言可知而此兩句十字中盡其意態海水喻愁非過語也

詩中用茱萸字

劉夢得云詩中用茱萸字者凡三人杜甫云醉把茱萸子細看王維云插遍茱萸少一人朱放云學他年少插茱萸三君所用杜公爲優予觀唐人七言用此者又十餘家漫錄于後王昌齡

茱萸插鬢花宜壽戴叔倫插鬢茱萸來未盡盧
綸茱萸一朵映華簪權德輿酒泛茱萸晚易醺
白居易舞鬟擺落茱萸房茱萸色淺未經霜楊
衡強插茱萸隨衆人張諤茱萸凡作幾年新耿
湋髮稀那敢插茱萸劉商郫筒不解獻茱萸崔
櫓茱萸冷吹溪口香周賀茱萸城裏一尊前比
之杜句眞不侔矣

鬼宿度河

宋蒼梧王當七夕夜令楊玉夫伺織女度河曰

見當報我不見當殺汝錢希白洞微志載蘇德哥爲徐肇祀其先人曰當夜半可已蓋俟鬼宿度河之後翟公巽作祭儀十卷云或祭於昏或祭於旦皆非是當以鬼宿渡河爲候而鬼宿渡河常在中夜必使人仰占以俟之葉少蘊云公巽博學多聞援證皆有据不肯碌碌同衆所見必過人予按天上經星終古不動鬼宿隨天西行春昏見於南夏晨見於東秋夜半見於東冬昏見於東安有所謂渡河及常在中夜之理纖

女昏晨與鬼宿正相反其理則同蒼梧王荒悖
小兒不足笑錢翟葉三公皆名儒碩學亦不深
攷如此杜詩云牛女漫愁思秋期猶渡河牛女
年年渡何曾風浪生梁劉孝儀詩云欲待黃昏
至含嬌淺渡河唐人七夕詩皆有此說此自是
牽俗遣詞之過故杜老又有詩云牽牛出河西
織女處其東萬古永相望七夕誰見同神光竟
難候此事終蒙朧蓋自洞曉其實非他人比也

府名軍額

雍州軍額曰永興府曰京兆而守臣以知永興
軍府事兼京兆府路安撫使結銜鎮州軍額曰
成德府曰眞定而守臣以知成德軍府事兼眞
定府路安撫使結銜政和中始正以府額爲稱
荆州軍額曰荆南府曰江陵而守臣則曰知荆
南通判曰通判荆南自餘掾幕縣官則曰江陵
府淳熙四年始盡以江陵爲稱孟州軍額曰河
陽三城無府額而守臣曰知河陽軍州事陝州
無府額而守臣曰知陝州軍府事法令行移亦

曰陝府

馬融皇甫規

漢順帝時西羌叛遣征西將軍馬賢將十萬人討之武都太守馬融上䟽曰賢處處留滯必有潰叛之變臣願請賢所不用關東兵五千裁假部隊之號盡力率厲三旬之中必克破之不從賢果與羌戰敗父子皆没羌遂寇三輔燒園陵詔武都太守趙沖督河西四郡兵追擊安定上計掾皇甫規上䟽曰臣比年以來數陳便宜羌

戎未動策其將反馬賢始出知其必敗願假臣屯列坐食之兵五千出其不意與沖共相首尾土地山谷臣所曉習可不煩方寸之印尺帛之賜可以滌患帝不能用趙沖擊羌不利羌寇充斥涼部震恐沖戰死累年然後定按馬融皇甫規之言曉然易見而所請兵皆不過五千然訖不肯從乃知宣帝納用趙充國之冊爲不易得所謂明主可爲忠言也

孟蜀避唐諱

蜀本石九經皆孟昶時所刻其書淵世民三字皆缺畫蓋爲唐高祖太宗諱也昶父知祥嘗爲莊宗明宗臣然於存勗嗣源字乃不諱前蜀王氏已稱帝而其所立龍興寺碑言及唐諸帝亦皆半闕乃知唐之澤遠矣

翰苑親近

白樂天渭村退居寄錢翰林詩敘翰苑之親近云曉從朝興慶春陪宴柏梁分庭皆命婦對院即儲皇貴主冠浮動親王轡鬧裝金鈿相照耀

朱紫閙熒煌毬簇桃花騎歌巡竹葉觴窪銀中貴帶昂黛内人粧賜禊東城下頒酺曲水傍樽罍分聖酒妓樂借仙倡蓋唐世宫禁與外廷不至相隔絶故杜子美詩戶外昭容紫袖垂雙瞻御座引朝儀又云舍人退食收封事宫女開凾近御筵而學士獨稱内相至於與命婦分庭見貴主冠服内人黛粧假仙倡以佐酒他司無比也

寧馨阿堵

寧馨阿堵晉宋閒人語助耳後人但見王衍指錢云舉阿堵物却又山濤見衍曰何物老媼生寧馨兒今遂以阿堵爲錢寧馨兒爲佳兒殊不然也前輩詩語言少味無阿堵冰雪相看有此君又家無阿堵物門有寧馨兒其意亦如此宋廢帝之母王太后疾篤帝不往視后怒謂侍者取刀來剖我腹那得生寧馨兒觀此豈得爲佳顧長康畫人物不點目精曰傳神寫照正在阿堵中猶言此處也劉眞長譏殷淵源曰田舍兒

强學人作爾馨語又謂桓温曰使君如馨地寧可鬪戰求勝王導與何充語曰正自爾馨王恬撥王胡之手曰冷如鬼手馨彊來捉人臂至今吳中人語言尚多用寧馨字爲問猶言若何也劉夢得詩爲問中華學道者幾人雄猛得寧馨蓋得其義以寧字作平聲讀

鳳毛

宋孝武嗟賞謝鳳之子超宗曰殊有鳳毛今人以子爲鳳毛多謂出此按世說王劭風姿似其

父導桓溫曰大奴固自有鳳毛其事在前與此
不同
牛米
燕慕容皝以牛假貧民使佃苑中稅其什之八
自有牛者稅其七參軍封裕諫以爲魏晉之世
假官田牛者不過稅其什六自有牛者中分之
不取其七八也予觀今吾鄉之俗募人耕田十
取其五而用主牛者取其六謂之牛米蓋晉法
也

爲文矜夸過實

文士爲文有矜夸過實雖韓文公不能免如石鼓歌極道宣王之事偉矣至云孔子西行不到秦掎摭星宿遺羲娥陋儒編詩不收拾二雅褊迫無委蛇是謂三百篇皆如星宿獨此詩如日月也二雅褊迫之語尤非所宜言今世所傳石鼓之詞尚在豈能出吉日車攻之右安知非經聖人所删乎

送孟東野序

韓文公送孟東野序云物不得其平則鳴然其文云在唐虞時咎陶禹其善鳴者而假之以鳴夔假於韶以鳴伊尹鳴殷周公鳴周又云天將和其聲而使鳴國家之盛然則非所謂不得其平也

嚔噎

今人嚔噎不止者必噀唾祝云有人説我婦人尤甚予按終風詩寤言不寐願言則嚔鄭氏箋云我其憂悼而不能寐女思我心如是我則嚔

也今俗人噎云人道我此古之遺語也乃知此風自古以來有之

野史不可信

野史雜説多有得之傳聞及好事者緣飾故類多失實雖前輩不能免而士大夫頗信之姑摭眞宗朝三事于左魏泰東軒録云眞宗次澶淵語寇萊公曰虜騎未退何人可守天雄軍公言參知政事王欽若退即召王於行府諭以上意授勑俾行王未及有言公遽酌大白飲之命曰

上馬盃且曰參政勉之回日即爲同列也王馳騎入魏越十一日虜退召爲同中書門下平章事或云王公數進疑詞於上前故萊公因事出之予按澶淵之役乃景德元年九月是時萊公爲次相欽若爲參政閏九月欽若判天雄二年四月罷政三年萊公罷相欽若復知樞密院至天禧元年始拜相距景德初元凡十四年其二事者沈括筆談云向文簡拜右僕射眞宗謂學士李昌武曰朕自即位以來未嘗除僕射敏中應甚喜昌

武退朝徃候之門闃悄然明日再對上笑曰向
敏中大耐官職存中自注云向公拜僕射年月
未曾考於國史因見中書記是天禧元年八月
而是年二月王欽若亦加僕射予按眞宗朝自
敏中之前拜僕射者六人呂端李沆王旦皆自
宰相轉陳堯叟以罷樞密使拜張齊賢以故相
拜王欽若自樞密使轉及敏中轉右僕射與欽
若加左僕射同日降制是時李昌武死四年矣
昌武者宗諤也其三事者存中筆談又云時丁

晉公從眞宗巡幸禮成詔賜輔臣玉帶時輔臣
八人行在祇候庫止有七帶尚衣有帶謂之比
玉價直數百萬上欲以足其數公心欲之而位
在七人之下度必不及已乃諭有司某自有小
私帶可服候還京別賜可也旣各受賜而晉公
一帶僅如指闊上顧近侍速易之遂得尚衣御
帶予按景德元年眞宗巡幸西京大中祥符元
年巡幸泰山四年幸河中丁謂皆爲行在三司
使未登政府七年幸亳州謂始以參知政事從

時輔臣六人王旦向敏中爲宰相王欽若陳堯叟爲樞密使皆在謂上謂之下尚有樞密副使馬知節即不與此說合且既爲王帶而又名比王尤可笑魏泰無足論沈存中不應爾也

謗書

司馬遷作史記於封禪書中述武帝神仙鬼竈方士之事甚備故王允謂之謗書國朝景德祥符間治安之極王文穆陳文忠陳文僖丁晉公諸人造作天書符瑞以爲固寵容悅之計及眞

宗上仙王沂公懼貽後世譏議故請藏天書於
梓宫以滅跡而實録之成乃文穆監修其載崇
奉宫廟祥雲芝鶴唯恐不詳遂爲信史之累蓋
與太史公謗書意異而實同也

王文正公

祥符以後凡天書禮文宫觀典冊祭祀巡幸祥
端頌聲之事王文正公旦實爲參政宰相無一
不預官自侍郎至太保公心知得罪於淸議而
固戀患失不能决去及其臨終乃欲削髪僧服

以斂何所補哉魏野贈詩所謂西祀東封今已了好來相伴赤松遊可謂君子愛人以德其箴戒之意深矣歐陽公神道碑悉隱而不書蓋不可書也雖持身公清無一可議然特張禹孔光胡廣之流云

晉文公

晉公子重耳自狄適他國凡七衛成公曹共公鄭文公皆不禮焉齊桓公妻以女宋襄公贈以馬楚成王享之秦穆公納之卒以得國衛曹鄭

皆同姓齊宋秦楚皆異姓非所謂豈無他人不如同姓也晉文公卒未葬秦師伐鄭滅滑無預晉事晉先軫以爲秦不哀吾喪而伐吾同姓背秦大惠使襄公墨衰經而伐之雖幸勝於殽終啓焚舟之戰兩國交兵不復修睦者數百年先軫是年死於狄至孫穀而誅滅天也

南夷服諸葛

蜀劉禪時南中諸郡叛諸葛亮征之孟獲爲夷漢所服七戰七擒曰公天威也南人不復反矣

蜀志所載止於一時之事國朝淳化中李順亂蜀招安使雷有終遣嘉州士人辛怡顯使於南詔至姚州其節度使趙公美以書來迎云當境有瀘水昔諸葛武侯戒曰非貢獻征討不得輒渡此水若必欲過須致祭然後登舟今遣本部軍將賫金龍二條金錢二千文并設酒脯請先祭亭而渡乃知南夷心服雖千年如初嗚呼可謂賢矣事見怡顯所作雲南録

二疏贊

作議論文字須考引事實無差忒乃可傳信後世東坡先生作二疏圖贊云孝宣中興以法馭人殺蓋韓楊蓋三良臣先生憐之振袂脫屣使知區區不足驕士其立意超卓如此然以其時考之元康三年二疏去位後二年蓋寬饒誅又三年韓延壽誅又三年楊惲誅方二疏去時三人皆亡恙蓋先生文如傾河不復效常人尋閱質究也

李密伐南詔

唐天寶中南詔叛劒南節度使鮮于仲通討之喪士卒六萬人楊國忠掩其敗狀仍叙其戰功時募兵擊南詔人莫肯應募國忠遣御史分道捕人連枷送詣軍所行者愁怨所在哭聲振野至十三載劒南留後李宓將兵七萬往擊南詔南詔誘之深入閉壁不戰宓糧盡士卒瘴疫及饑死什七八乃引還蠻追擊之宓被擒全軍皆没國忠隱其敗更以捷聞益發兵討之此通鑑所紀舊唐書云李宓率兵擊蠻於西洱河糧盡

軍旋馬足陷橋爲閣羅鳳所擒新唐書亦云宓
敗死於西洱河予按高適集中有李宓南征蠻
詩一篇序云天寶十一載有詔伐西南夷丞相
楊公兼節制之寄乃奏前雲南太守李宓涉海
自交趾擊之徃復數萬里十二載四月至于長
安君子是以知廟堂使能而李公效節予忝斯
人之舊因賦是詩其略曰肅穆廟堂上深沉節
制雄遂令感激士得建非常功鼓行天海外轉
戰蠻夷中長驅大浪破急擊羣山空餉道忽已

遠縣軍垂欲窮野食掘田鼠晡餐兼麨僮收兵
列亭候拓地彌西東瀘水夜可涉交州今始通
歸來長安道召見甘泉宮其所稱述如此雖詩
人之言未必皆實然當時之人所賦其事不應
虛言則宓蓋歸至長安未嘗敗死其年又非十
三載也味詩中掘鼠餐僮之語則知糧盡危急
師非勝歸明甚

浮梁陶器

彭器資尚書文集有送許屯田詩曰浮梁巧燒

甕顔色比瓊玖因官射利疾衆喜君獨不父老爭歎息此事古未有注云浮梁父老言自來作知縣不買甕器者一人君是也作饒州不買者一人今程少卿嗣宗是也惜乎不載許君之名

容齋隨筆卷第四

容齋隨筆卷第五　二十五則

漢唐八相

蕭曹丙魏房杜姚宋爲漢唐名相不待誦說然前六君子皆終于位而姚宋相明皇皆不過三年姚以二子及親吏受賂其罷猶有說宋但以嚴禁惡錢及疾負罪而妄訴不已者明皇用優人戲言而罷之二公終身不復用宋公罷相時年才五十八後十七年乃薨繼之者如張嘉貞張說源乾曜王晙宇文融裴光庭蕭嵩牛仙客

其才可睹矣唯杜暹李元紘爲賢亦清介齷齪自守者釋騏驥而不乘焉皇皇而更索可不惜哉蕭何且死所推賢唯曹參魏丙同心輔政房喬每議事必曰非知晦莫能籌之姚崇避位薦宋公自代唯賢知賢宜後人之莫及也

六卦有坎

易乾坤二卦之下繼之以屯蒙需訟師比六者皆有坎聖人防患備險之意深矣

晉之亡與秦隋異

自堯舜及今天下裂而復合者四周之末爲七戰國秦合之漢之末分爲三國晉合之晉之亂分爲十餘國爭戰三百年隋合之唐之後又分爲八九國本朝合之然秦始皇一傳而爲胡亥晉武帝一傳而爲惠帝隋文帝一傳而爲煬帝皆破亡其社稷獨本朝九傳百七十年乃不幸有靖康之禍蓋三代以下治安所無也秦晉隋皆相似然秦隋一亡即掃地晉之東雖曰牛繼馬後終爲守司馬氏之祀亦百有餘年蓋秦隋

毒流四海天實誅之晉之八王擅兵孽后盜政皆本於惠帝昏蒙䇺得罪於民故其亡也與秦隋獨異

上官桀

漢上官桀爲未央廄令武帝嘗體不安及愈見馬馬多瘦上大怒令以我不復見馬邪欲下吏桀頓首曰臣聞聖體不安日夜憂懼意誠不在馬言未卒泣數行下上以爲忠由是親近至於受遺詔輔少主義縱爲右內史上幸鼎湖病久

已而卒起幸甘泉道不治上怒曰縱以我爲不行此道乎銜之遂坐以他事棄市二人者其始獲罪一也桀以一言之故超用而縱及誅可謂幸不幸矣

金日磾

金日磾没入宫輸黄門養馬武帝游宴見馬後宫滿側日磾等數十人牽馬過殿下莫不竊視至日磾獨不敢日磾容貌甚嚴馬又肥好上奇焉即日拜爲馬監後受遺輔政日磾與上官桀

皆因馬而受知武帝之取人可謂明而不遺矣

漢宣帝忌昌邑王

漢廢昌邑王賀而立宣帝賀居故國帝心内忌之賜山陽太守張敞璽書戒以謹備盜賊敞條奏賀居處著其廢亡之效上知賀不足忌始封爲列侯光武廢太子彊爲東海王而立顯宗顯宗即位待彊彌厚宣顯皆雜霸道治尚剛嚴獨此事顯優於宣多矣

平津侯

公孫平津本傳稱其意忌內深殺主父偃徙董仲舒皆其力然其可稱者兩事武帝置蒼海朔方之郡平津數諫以爲罷弊中國以奉無用之地願罷之上使朱買臣等難之乃謝曰山東鄙人不知其便若是願罷西南夷專奉朔方上乃許之卜式上書願輸家財助邊蓋迎合主意上以語平津對曰此非人情不軌之臣不可以爲化而亂法願勿許乃罷式當武帝好大喜功而能如是槩之後世足以爲賢相矣惜不以式事

載本傳中

韓信周瑜

世言韓信伐趙趙廣武君請以奇兵塞井陘口絶其糧道成安君不聽信使閒人窺知其不用廣武君策還報則大喜乃敢引兵遂下遂勝趙使廣武計行信且成禽信蓋自言之矣周瑜拒曹公於赤壁部將黄蓋獻火攻之策會東南風急悉燒操船軍遂敗使天無大風黄蓋不進計則瑜未必勝是二説者皆不善觀人者也夫以

韓信敵陳餘猶以猛虎當羊豕爾信與漢王語請北舉燕趙正使井陘不得進必有他奇策矣其與廣武君言曰向使成安君聽子計僕亦禽矣蓋謙以求言之詞也方孫權問計於周瑜瑜已言操冒行四患將軍禽之宜在今日劉備見瑜恨其兵少瑜曰此自足用豫州但觀瑜破之正使無火攻之說其必有以制勝矣不然何以爲信瑜

漢武賞功明白

衛青爲大將軍霍去病始爲校尉以功封侯青失兩將軍亡翕侯功不多不益封其後各以五萬騎深入去病益封五千八百戶裨校封侯益邑者六人而青不得益封吏卒無封者武帝賞功必視法如何不以貴賤爲高下其明白如此後世處此必曰青久爲上將俱出塞致命正不厚賞亦當有以慰其心不然他日無以使人蓋失之矣

周召房杜

召公爲保周公爲師相成王爲左右觀此二相則刑措四十年頌聲作于下不言可知唐正觀三年二月房元齡爲左僕射杜如晦爲右僕射魏證參預朝政觀此三相則三百年基業之盛槩可見矣

三代書同文

三代之時天下書同文故春秋左氏所載人名字不以何國大抵皆同鄭公子歸生魯公孫歸父蔡公孫歸生楚仲歸齊析歸父皆字子家楚

成嘉鄭公子嘉皆字子孔鄭公孫段印段宋褚師段皆字子石鄭公子喜宋樂喜皆字子罕楚公子黑肱鄭公孫黑孔子弟子狄黑皆字子晳魯公子翬鄭公孫揮皆字子羽邾子克楚鬬克周王子克宋司馬之臣克皆字曰儀晉籍偃荀偃鄭公子偃吳言偃皆字曰游晉羊舌赤魯公西赤皆字曰華楚公子側魯孟之側皆字曰反魯冉耕宋司馬耕皆字曰牛顏無繇仲由皆字曰路

周世中國地

成周之世中國之地最狹以今地里考之吳越楚蜀閩皆爲蠻淮南爲羣舒秦爲戎河北眞定中山之境乃鮮虞肥鼓國河東之境有赤狄里氏留吁鐸辰潞國洛陽爲王城而有楊拒泉臯蠻氏陸渾伊雒之戎京東有萊牟介莒皆夷也杞都雍丘今汴之屬邑亦用夷禮邾近於魯亦曰夷其中國者獨晉衛齊魯宋鄭陳許而已通不過數十州蓋於天下特五分之一耳

李後主梁武帝

東坡書李後主去國之詞云最是蒼皇辭廟日教坊猶奏別離歌揮淚對宮娥以爲後主失國當慟哭於廟門之外謝其民而後行乃對宮娥聽樂形於詞句予觀梁武帝啓侯景之禍塗炭江左以致覆亡乃曰自我得之自我失之亦復何恨其不知罪已亦甚矣竇嬰救灌夫其夫人諫止之嬰曰侯自我得之自我捐之無所恨梁武用此言而非也

詩什

詩二雅及頌前三卷題曰某詩之什陸德明釋云歌詩之作非止一人篇數既多故以十篇編爲一卷名之爲什今人以詩爲篇什或稱譽他人所作爲佳什非也

易舉正

唐蘇州司户郭京有周易舉正三卷云曾得王輔嗣韓康伯手寫注定傳授眞本比挍今世流行本及國學鄉貢舉人等本或將經入注用注

作經小象中間以下句及居其上爻辭注內移後義却處於前兼有脫遺兩字顛倒謬誤者並依定本舉正其訛凡一百三節今略取其明白者二十處載於此坤初六履霜堅冰至象曰履霜陰始凝也馴致其道至堅冰也今本於象文霜字下誤增堅冰二字屯六三象曰即鹿無虞何以從禽也今本脫何字師六五田有禽利執之无咎元本之字行書向下引脚稍類言字轉寫相仍故誤作言觀注義亦全不作言字釋也

比九五象曰失前禽舍逆取順也今本誤倒其句賁亨不利有攸往今本不字誤作小字剛柔交錯天文也文明以止人文也注云剛柔交錯而成文焉天之文也今本脫剛柔交錯一句坎卦習坎上脫坎字姤九四包失魚注云有其魚故失之也今本誤作无魚蹇九三往蹇來正今本作來反困初六象曰入于幽谷不明也今本谷字下多幽字困彖聖人亨以享上帝以養聖賢注云聖人用之上以享上帝而下以養聖賢

今本正文多而大亨三字故注文亦誤增大亨
二字震彖曰不喪匕鬯出可以守宗廟社稷以
爲祭主也今本脫不喪匕鬯一句漸象曰君子
以居賢德善風俗注云賢德以止巽則居風俗
以止巽乃善今本正文脫風字豐九四象遇其
夷主吉志行也今文脫志字中孚彖豚魚吉信
及也今本及字下多豚魚二字小過彖柔得中
是以可小事也今本脫可字而事字下誤增吉
字六五象曰密雲不雨已止也注陽已止下故

也今本正文作巳上故注亦誤作陽巳上故止也既濟彖曰既濟亨小小者亨也今本脱一小字繫辭二多譽四多懼注云懼近也今本誤以近也字爲正文而注中又脱懼字雜卦蒙穉而著今本穉誤作雜字予頃於福州道藏中見此書而傳之及在後省見晁公武所進易解多引用之世罕有其書也

其惟聖人乎

乾卦其惟聖人乎魏王肅本作愚人後結句始

作聖人見陸德明釋文

易說卦

易說卦荀爽九家集解乾爲木果之下更有四曰爲龍爲車爲衣爲言坤後有八曰爲牝爲迷爲方爲囊爲裳爲黃爲帛爲漿震後有三曰爲王爲鵠爲鼓巽後有二曰爲楊爲鸛坎後有八曰爲宮爲律爲可爲棟爲叢棘爲狐爲蒺藜爲桎梏離後有一曰爲牝牛艮後有三曰爲鼻爲虎爲狐兌後有二曰爲常爲輔頰注云常西方

神也陸德明以其與王弼本不同故載於釋文

按震爲龍與乾同故虞翻干寶本作駹

元二之灾

後漢鄧隲傳拜爲大將軍時遭元二之灾人士饑荒死者相望盜賊羣起四夷侵畔章懷注云元二即元元也古書字當再讀者即於上字之下爲小二字言此字當兩度言之後人不曉遂讀爲元二或同之陽九或附之百六良由不悟致斯乖舛今岐州石鼓銘凡重言者皆爲二字

明驗也漢碑有楊孟文石門頌云中遭元二西
夷虐殘孔耽碑云遭元二轗軻人民相食趙明
誠金石跋云若讀爲元元不成文理疑當時自
有此語漢注未必然也按王充論衡恢國篇云
今上嗣位元二之間嘉德布流三年零陵生芝
草四年甘露降五縣五年芝復生六年黃龍見
蓋章帝時事考之本紀所書建初三年以後諸
瑞皆同則知所謂元二者謂建初元年二年也
旣稱嘉德布流以致祥瑞其爲非灾眚之語益

可決疑安帝永初元年二年先零滇羌寇叛郡國地震大水鄧隲以二年十一月拜大將軍則知所謂元二者謂永初元年二年也凡漢碑重文不皆用小二字豈有范史一部唯獨一處如此予兄丞相作隸釋論之甚詳予修國史日撰欽宗紀贊用靖康元二之禍實本于此

聖人汙

孟子曰宰我子貢有若智足以知聖人汙不至阿其所好趙岐注云三人之智足以識聖人汙

下也言三人雖小汙不平亦不至阿其所好阿
私所愛而空譽之詳其文意足以識聖人是一
句汙下也自是一節蓋以下字訓汙也其義明
甚而老蘇先生乃作一句讀故作三子知聖人
汙論謂三子之智不足以及聖人高深幽絶之
境徒得其下焉耳此説竊謂不然夫謂夫子賢
於堯舜自生民以來未有可謂大矣猶以爲汙
下何哉程伊川云有若等自能知夫子之道假
使汙下必不爲阿好而言其説正與趙氏合大

抵漢人釋經子或省去語助如鄭氏箋毛詩奄觀銍艾云奄久觀多也蓋以久訓奄以多訓觀近者黃啓宗有補禮部韻略於淹字下添奄字注云久觀也亦是誤以箋中五字爲一句

廿卅卌字

今人書二十字爲廿三十字爲卅四十爲卌皆說文本字也廿音入二十并也卅音先合反三十之省便古文也卌音先立反數名今直以爲四十字按秦始皇凡刻石頌德之辭皆四字一

句泰山辭曰皇帝臨位二十有六年琅邪臺頌曰維二十六年皇帝作始之罘頌曰維二十九年時在中春東觀頌曰維二十九年皇帝春游會稽頌曰德惠脩長三十有七年此史記所載每稱年者輒五字一句嘗得泰山辭石本乃書爲廿有六年想其餘皆如是而太史公誤易之或後人傳寫之訛耳其實四字句也

字省文

今人作字省文以禮爲礼以處爲処以與爲与

凡章奏及程文書冊之類不敢用然其實皆說文本字也許叔重釋礼字云古文処字云止也得几而止或從處与字云賜予也与與同然則當以省文者為正

負劒辟咡

曲禮記童子事曰負劒辟咡詔之鄭氏注云負謂置之於背劒謂挾之於旁辟咡詔之謂傾頭與語口旁曰咡歐陽公作其父瀧岡阡表云回顧乳者劒汝而立于旁正用此義今廬陵石刻

由存衢州所刊六一集已得其眞或者不曉遂
易刪爲抱可歎也

國初人至誠

眞宗時并州謀帥上謂輔臣曰如張齊賢溫仲舒皆可任但以其嘗歷樞近或有固辭宜召至中書詢問願往則授之及召二人至齊賢辭以恐爲人所譏仲舒曰非敢有辭但在尚書班已十年若得改官端揆賜都部署添給敢不承命輔臣以聞上曰是皆不欲往也勿彊之王元之

自翰林學士以本官刑部郎中知黄州遣其子
嘉祐獻書于中書門下以爲朝廷設官進退必
以禮一失错置咎在廊廟某一任翰林學士三
任制誥舍人以國朝舊事言之或得給事中或
得侍郎或爲諫議大夫某獨異於斯斥去不轉
一級與錢穀俗吏混然無别執政不言人將安
仰予謂仲舒嘗爲二府至於自求遷轉及增請
給元之一代剛正名臣至於公移箋書引例乞
轉唯其至誠不矯僞故也後之人外爲大言避

寵辭祿而陰有營求失其本眞者多矣風俗使然也

史館玉牒所

國朝熙寧以前秘書省無著作局故置史館設修撰直館之職元豐官制行有秘書官則其職歸於監少及著作郎佐矣而紹興中復置史館修撰檢討是與本省爲二也宗正寺修玉牒官亦然官制既行其職歸於卿丞矣而紹興中復差侍從爲修牒又以他官兼檢討是與本寺爲

二也然則今有戶部可別置三司有吏刑部可別置審官審刑院矣又玉牒舊制每十年一進謂甲子歲進書則甲戌甲申歲復然今乃從建隆以來再行補修每及十年則一進以故不過三二年輒一行賞書局僭賞此最甚焉

稗沙門

寶積經說僧之無行者曰譬如麥田中生稗麥其形似麥不可分別爾時田夫作如是念謂此稗麥盡是好麥後見穟生爾乃知非如是沙門

在於衆中似是持戒有德行若施主見時謂盡是沙門而彼癡人實非沙門是名稱沙門此喻甚佳而文士鮮曾引用聊志於此

容齋隨筆卷第五

容齋隨筆卷第六　十九則

建武中元

成都有漢蜀郡太守何君造尊楗閣碑其末云建武中元二年六月按范史本紀建武止三十一年次年改爲中元直書爲中元元年觀此所刻乃是雖別爲中元猶冠以建武如文景帝中元後元之類也又祭祀志載封禪後赦天下詔明言云以建武三十二年爲建武中元元年東夷倭國傳云建武中元二年來奉貢援据甚明

而宋莒公作紀年通譜乃云紀志所載不同必傳寫脫誤學者失於精審以意刪去殆亦不深考耳韓莊敏家一銅斗銘云新始建國天鳳上戊六年又紹興中郭金州得一鉦銘云新始建國地皇上戊二年按王莽始建國之後改天鳳又改地皇茲二器各冠以始元者自莽之制如此亦猶其改易郡名不常每下詔猶繫其故名之類耳不可用中元爲比也

帶職人轉官

紹興中王浚明以右奉直大夫直祕閣乞磨勘吏部擬朝議大夫時相以爲既帶職則朝議奉直爲一等遂超轉中奉其後曽慥踵之紹興末向伯奮亦用此繼而續鬳復然後省有言不應驀三級自是但得朝議予按故事官制未行時前行郎中遷少卿有出身得太常無出身司農繼轉光禄即今奉直朝議也自少卿遷大卿監有出身得光禄卿無出身歷司農卿少府監衞尉卿然後至光禄若帶職則自少農以上徑得

光禄不涉餘級至有超五資者然則浚明等不爲過盖昔日職名不輕與人故恩典亦異又自承務郎至奉議詞人但三轉而帶職者乃與餘人同作六階不小異乃有司之失也

上下四方

上下四方不可窮竟正雜莊列釋氏之寓言曼衍不能説也列子商湯問於夏革曰上下八方有極盡乎革曰不知也湯固問革曰无則无極有則有盡朕何以知之然无極之外復无无極

无盡之中復无无无盡无極復无无極无盡復无
无盡朕是以知其无極无盡也而不知其有極
有盡也焉知天地之表不有大天地者乎大集
經風住何處曰風住虛空又問虛空爲何所住
答言虛空住於至處又問至處復何所住答言
至處何所住者不可宣說何以故遠離一切諸
處所故一切處所所不攝故非數非稱不可量
故是故至處無有住處二家之說如是而已

魏相蕭望之

趙廣漢之死由魏相韓延壽之死由蕭望之魏蕭賢公卿也忍以其私陷二材臣於死地乎楊惲坐語言怨望而廷尉當以爲大逆不道以其時考之乃于定國也史稱定國爲廷尉民自以不寃豈其然乎宣帝治尚嚴而三人者又從而輔翼之爲可恨也

姓氏不可考

姓氏所出後世茫不可考不過證以史傳然要爲難曉自姚虞唐杜姜田范劉之外餘蓋紛然

雜出且以左傳言之申氏出於四岳周有申伯然鄭又有申侯楚有申舟及有申公巫臣魯有申繻申棖晉有申書齊有申鮮虞賈氏姬姓之國以國氏然晉有賈華又狐射姑亦曰賈季齊有賈舉黃氏嬴姓之國然金天氏之後又有沈姒蓐黃之黃晉有黃淵孔氏出於商孔子其後也然衛有孔達宋有孔父鄭有孔叔陳有孔寧齊有孔虺而鄭子孔之孫又為孔張高氏出於齊然子尾之後又為高彊鄭有高克宋有高哀

國氏亦出於齊然邢有國子鄭子國之孫又爲國參晉有慶鄭齊有慶克陳有慶虎衛有石碏齊有石之紛如鄭有石㚟周有石尚宋有石彄晉有陽處父楚有陽丐魯有陽虎孫氏出於衛而楚有叔敖齊有孫書吳有孫武郭氏出於虢而晉有郭偃齊有郭最又有所謂郭公者千載之下遥遥世祚將安所質究乎

畏無難

聖人不畏多難而畏無難故曰惟有道之主能

持勝使秦不并六國二世未亡隋不一天下服四夷煬帝不亡符堅不平涼取蜀滅燕翦代則無肥水之役唐莊宗不滅梁下蜀則無嗣源之禍李景不取閩并楚則無淮南之失

緑竹青青

毛公解衛詩淇奥分緑竹爲二物曰緑王芻也竹萹竹也韓詩竹字作薄音徒沃反亦以爲萹筑郭璞云王芻今呼白腳莎即菉蓐豆也萹竹似小藜赤莖節好生道旁可食又云有草似竹

高五六尺淇水側人謂之菉竹按此諸說皆北人不見竹之語耳漢書下淇園之竹以爲楗寇恂爲河内太守伐淇園竹爲矢百餘萬衛詩又有籊籊竹竿以釣于淇之句所謂綠竹豈不明甚若白腳莎菉豆安得云猗猗青青哉

孔子欲討齊

陳成子弑齊簡公孔子告於魯哀公請討之公曰告夫三子者之三子告不可左傳曰孔子請伐齊公曰魯爲齊弱久矣子之伐之將若之何

對曰陳常弒其君民之不與者半以魯之衆加齊之半可伐也說者以爲孔子豈較力之强弱但明其義而已能順人心而行天討何患不克使魯君從之孔子其使於周請命乎天子正名其罪至其所以勝齊者孔子之餘事也予以爲魯之不能伐齊三子之不欲伐齊周之不能討齊通國知之矣孔子爲此舉豈眞欲以魯之半力敵之哉葢是時三子無君與陳氏等孔子上欲悟哀公下欲警三子使哀公悟其意必察三

臣之擅國思有以制之起孔子而付以政其正君君臣臣之分不難也使三子者讐必將曰魯小於齊齊臣弑君而欲致討吾三臣或如是彼齊晉大國肯置而不問乎惜其君臣皆不識聖人之深旨自是二年孔子亡又十一年哀公竟偪於三子而孫於越比之簡公僅全其身爾

韓退之

舊唐史韓退之傳初言愈常以爲魏晉已還爲文者多拘偶對而經誥之指歸不復振起故所

爲文抒意立言自成一家新語後學之士取爲
師法當時作者甚衆無以過之故世稱韓文而
又云時有恃才肆意亦盭孔孟之旨若南人妄
以柳宗元爲羅池神而愈撰碑以實之李賀父
名晉不應進士而愈爲賀作諱辯令舉進士又
爲毛穎傳譏戲不近人情此文章之甚紕繆者
撰順宗實録繁簡不當敘事拙於取捨頗爲當
代所非裴晉公有寄李翺書曰昌黎韓愈僕知
之舊矣其人信美材也近或聞諸儕類云恃其

絶足往往奔放不以文立制而以文爲戲可矣乎今之不及之者當大爲防焉爾舊史謂愈爲紕繆固不足責晉公亦有是言何哉考公作此書時名位猶未達其末云昨弟來欲度及時干進度昔歲取名不敢自高今孤煢若此遊宦謂何是不能復從故人之所勉耳但寘力田園苟過朝夕而已然則公出征淮西請愈爲行軍司馬又令作碑蓋在此累年之後相知已深非復前此也

誕節受賀

唐穆宗即位之初年詔曰七月六日是朕載誕之辰其日百寮命婦宜於光順門進名參賀朕於門內與百寮相見明日又勅受賀儀宜停先是左丞韋綬奏行之宰臣以古無降誕受賀之禮奏罷之然次年復行賀禮誕節之制起於明皇令天下宴集休假三日肅宗亦然代德順三宗皆不置節名及文宗以後始置宴如初則受賀一事蓋自長慶年至今用之也

左氏書事

左傳書晉惠公背秦穆公事曰晉侯之入也秦穆姬屬賈君焉且曰盡納羣公子晉侯烝於賈君又不納羣公子是以穆姬怨之晉侯許賂中大夫既而皆背之賂秦伯以河外列城五東盡虢略南及華山内及解梁城既而不與晉饑秦輸之粟秦饑晉閉之糴故秦伯伐晉觀此一節正如獄吏治囚蔽罪議法而皐陶聽之何所伏窴不待韓原之戰其曲直勝負之形見矣晉厲

公絶秦數其五罪書詞鏗訇極文章皷吹之妙然其實皆誣秦故傳又書云秦桓公旣與晉厲公爲令狐之盟而又召狄與楚欲道以伐晉杜元凱注云據此三事以正秦罪左氏於文反復低昂無所不究其至覼秦晉爭戰二事可寃一斑矣

狐突言詞有味

晉侯使太子申生伐東山皐落氏以十二月出師衣之偏衣佩之金玦左氏載狐突所歎八十

餘言而詞義五轉其一曰時事之徵也衣身之章也佩衷之旗也其二曰敬其事則命以始服其身則衣之純用其衷則佩之度其三曰令命以時卒閟其事也衣之尨服遠其躬也佩以金玦棄其衷也其四曰服以遠之時以閟之其五曰尨涼冬殺金寒玦離其宛轉有味皆可咀嚼國語亦多此體有至六七轉然大抵緩而不切

宣髮

考工記車人之事半矩謂之宣注頭髮顥落曰

宣易巽爲宣髮宣字本或作寡周易巽爲寡髮釋文云本又作宣黑白雜爲宣髮宣髮二字甚奇、

邾文公楚昭王

邾文公卜遷于繹史曰利於民而不利於君邾子曰命在養民死之短長時也民苟利矣遷也吉莫如之遂遷于繹未幾而卒君子曰知命楚昭王之季年有雲如衆赤鳥夾日以飛三日周太史曰其當王身乎若禜之可移於令尹司馬

王曰除腹心之疾而寘諸股肱何益不穀不有
大過天其夭諸有罪受罰又焉移之遂弗禜孔
子曰楚昭王知大道矣其不失國也宜哉按宋
景公出人君之言三熒惑爲之退舍楚文楚昭
之言亦是物也而終不蒙福天道遠而不可知
如此

杜悰

唐懿宗咸通二年二月以杜悰爲相一日兩樞
密使詣中書宣徽使楊公慶繼至獨揖悰受宣

三相起避公慶出書授悰發之乃宣宗大漸時宦官請鄆王監國奏也且曰當時宰相無名者當以反法處之悰反復讀復封以授公慶曰主上欲罪宰相當於延英面示聖旨公慶去悰謂兩樞密曰內外之臣事猶一體今主上新踐阼固當以仁愛爲先豈得遽贊成殺宰相事若習以性成則中尉樞密豈得不自憂乎兩樞密相顧默然徐曰當具以公言白至尊非公重德無人及此三相復來見悰微請宣意悰無言三相

惶怖乞存家族悰曰勿爲他慮既而寂然及延
英開上色甚悅此資治通鑑所載也新唐史云
宣宗世夔王處大明宮而鄆王居十六宅帝大
漸遺詔立夔王而中尉王宗貫迎鄆王立之是
爲懿宗乂之遣樞密使楊慶詣中書獨揖悰他
宰相畢諴杜審權蔣伸不敢進乃授悰中人請
帝監國奏因諭悰劾大臣名不在者悰語之如
前所云慶色沮去帝怒亦釋予以史考之懿宗
即位之日宰相四人曰令狐綯曰蕭鄴曰夏侯

孜曰蔣伸至是時唯有伸在三人者罷去矣誠及審權乃懿宗自用者無由有斯事蓋野史之妄而二書誤采之溫公以唐事屬之范祖禹其審取可謂詳盡尚如此信乎修史之難哉

唐書世系表

新唐宰相世系表皆承用逐家譜牒故多有謬誤內沈氏者最可笑其略云沈氏出自姬姓周文王子聃叔季字子揖食采於沈今汝南平輿沈亭是也魯成公八年爲晉所滅沈子生逞字

脩之奔楚遂爲沈氏生嘉字惟良嘉生尹戌戌
生諸梁諸梁子尹射字脩文其後入漢有爲齊
王太傅敷德侯者有爲驃騎將軍者有爲彭城
侯者宋書沈約自敘云金天氏之後沈國在汝
南平輿定公四年爲蔡所滅秦末有逞者徵丞
相不就其後頗與唐表同按聃季所封自是一
國與沈了不相涉春秋成公八年晉侵沈獲沈
子揖昭二十三年吳敗頓胡沈蔡之師于雞父
沈子逞滅定四年蔡滅沈殺沈子嘉今表云聃

季字子揖成八年爲晉所滅是文王之子壽五百餘歲矣逞爲吳所殺而表云奔楚宋書云秦召爲丞相沈尹戌爲楚將戰死於栢舉正與嘉之死同時而以爲嘉之子尹射書於左傳三十四年始書諸梁乃以爲其子又春秋時人立字皆從子及伯仲豈有脩之惟良脩文之比漢列侯表豈有所謂數德彭城侯百官表豈有所謂驃騎將軍沈逵者沈約稱一時文宗妄譜其上世名氏官爵固可蚩誚又不分別兩沈國其金

天氏之裔沈姒蓐黄之沈封於汾川晉滅之春秋之沈封於汝南蔡滅之顧合而爲一豈不讀左氏乎歐陽公略不筆削爲可恨也

魯昭公

春秋之世列國之君失守社稷其國皆即日改立君無虚位以俟者惟魯昭公爲季孫意如所逐而孫于齊又適晉凡八年乃没意如在國攝事主祭歲具從者之衣屨而歸之于乾侯公薨之明年喪還故國然後其弟公子宋始即位他

國無此比也豈非魯秉周禮雖不幸逐君猶存厥位而不敢絶之乎其後哀公孫于越左傳終於是年不知悼公以何時立也

州縣失故名

今之州縣以累代移徙改割之故往往或失其故名或州異而縣不同者如建昌軍在江西而建昌縣乃隸南康南康軍在江東而南康縣乃隸南安南安軍在江西而南安縣乃隸泉州韶州爲始興郡而始興縣外屬贛州爲南康郡而

南康縣外屬欝林爲州而欝林縣隸貴州桂陽爲軍而桂陽縣隸郴州此類不可悉數

嚴州當爲莊

嚴州本名睦州宣和中以方寇之故改焉雖以威嚴爲義然實取嚴陵灘之意也殊不考子陵乃莊氏東漢避顯宗諱以莊爲嚴故史家追書以爲嚴光後世當從實可也

容齋隨筆卷第六

容齋隨筆卷第七　十八則

孟子書百里奚

柳子厚復杜溫夫書云生用助字不當律令所謂乎歟耶哉夫也者疑辭也矣耳焉也者決辭也今生則一之宜考前聞人所使用與吾言類且異精思之則益也予讀孟子百里奚一章曰曾不知以食牛干秦繆公之爲汙也可謂智乎不可諫而不諫可謂不智乎知虞公之將亡而先去之不可謂不智也時舉於秦知繆公之可

與有行也而相之可謂不智乎味其所用助字開闔變化使人之意飛動此難以爲温夫輩言也

韓柳爲文之旨

韓退之自言作爲文章上規姚姒盤誥春秋易詩左氏莊騷太史子雲相如閎其中而肆其外柳子厚自言每爲文章本之書詩禮春秋易參之穀梁氏以厲其氣參之孟荀以暢其支參之莊老以肆其端參之國語以博其趣參之離騷

以致其幽參之太史公以著其潔此韓柳爲文之旨要學者宜思之

李習之論文

李習之答朱載言書論文最爲明白周盡云六經創意造言皆不相師故其讀春秋也如未嘗有詩也其讀詩也如未嘗有易也其讀易也如未嘗有書也其讀屈原莊周也如未嘗有六經也如山有岱華嵩衡焉其同者高也其草木之榮不必均也如瀆有濟淮河江焉其同者出源

到海也其曲直淺深不必均也天下之語文章有六説焉其尚異者曰文章詞句奇險而已其好理者曰文章敘意苟通而已溺於時者曰文章必當對病於時者曰文章不當對愛難者曰宜深不當易愛易者曰宜通不當難此皆情有所偏滯未識文章之所主也義不深不至於理而辭句怪麗者有之矣劇秦美新王褒僮約是也其理往往有是者而詞章不能工者有之矣王氏中説俗傳太公家教是也古之人能極於

工而已不知其辭之對與否易與難也憂心悄悄慍于羣小非對也遘閔既多受侮不少非不對也朕聖讒說殄行震驚朕師菀彼桑柔其下侯旬將采其劉非易也光被四表格于上下十畝之閒兮桑者閑閑兮非難也六經之後百家之言興老聃列莊至於劉向揚雄皆自成一家之文學者之所師歸也故義雖深理雖當詞不工者不成文宜不能傳也其論於文者如此後學宜志之

魏鄭公諫語

魏鄭公諫止唐太宗封禪中間數語引喻剴切曰今有人十年長患療治且愈此人應皮骨僅存便欲使負米一石日行百里必不可得隋氏之亂非止十年陛下爲之良醫疾苦雖已乂安未甚充實告成天地臣切有疑太宗不能奪此語見於公諫録及舊唐書而新史不載資治通鑑記其諫事亦刪此一節可惜也

虞世南

虞世南卒後太宗夜夢見之有若平生翌日下制曰世南奄隨物化倏移歲序昨因夜夢忽覩其人追懷遺美良增悲歎宜資冥助申朕思舊之情可於其家爲設五百僧齋并爲造天尊像一軀夫太宗之夢世南蓋君臣相與之誠所致宜恤其子孫厚其恩典可也齋僧造像豈所應作形之制書著在國史惜哉太宗而有此也

七發

枚乘作七發創意造端麗旨腴詞上薄騷些蓋

文章領袖故爲可喜其後繼之者如傳毅七激張衡七辯崔駰七依馬融七廣曹植七啓王粲七釋張協七命之類規倣太切了無新意傅玄又集之以爲七林使人讀未終篇往往棄諸几格柳子厚晉問乃用其體而超然别立新機杼激越清壯漢晉之間諸文士之弊於是一洗矣東方朔答客難自是文中傑出揚雄擬之爲解嘲尚有馳騁自得之妙至於崔駰達旨班固賓戲張衡應閒皆屋下架屋章摹句寫其病與七

林同及韓退之進學解出於是一洗矣毛穎傳初成世人多笑其怪雖裴晉公亦不以爲可惟柳子獨愛之韓子以文爲戲本一篇耳妄人既附以革華傳至於近時羅文江瑤葉嘉陸吉諸傳紛紜雜沓皆託以爲東坡大可笑也

將軍官稱

前漢書百官表將軍皆周末官秦因之予按國語鄭文公以詹伯爲將軍又吳夫差十旌一將軍左傳豈將軍食之而有不足檀弓衛將軍文

子魯使慎子爲將軍然則其名久矣彭寵爲奴所縛呼其妻曰趣爲諸將軍辦裝東漢書注云呼奴爲將軍欲其赦已也今吴人語猶謂小蒼頭爲將軍蓋本諸此

北道主人

秦晉圍鄭鄭人謂秦盍舍鄭以爲東道主蓋鄭在秦之東故云今世稱主人爲東道者此也東漢載北道主人乃有三事常山太守鄧晨會光武於鉅鹿請從擊邯鄲光武曰偉卿以一身從

我不如以一郡爲我北道主人又光武至薊將
欲南歸耿弇以爲不可官屬腹心皆不肯光武
指弇曰是我北道主人也彭寵將反光武問朱
浮浮曰大王倚寵爲北道主人今旣不然所以
失望後人罕引用之

洛中盱江八賢

司馬溫公序賻禮書閭閻之善者五人呂南公
作不欺述書三人皆以卑微不見於史氏予頃
修國史將以綴于孝行傳而不果成聊紀之於

此温公所書皆陜州夏縣人曰醫曹劉太居親喪不飲酒食肉終三年以爲今世士大夫所難能其弟永一尤孝友廉謹夏縣有水災民溺死者以百數永一執竿立門首他人物流入門者輒擿出之有僧寓錢數萬於其室而死永一詣縣自陳請以錢歸其子弟鄉人負債不償者毀其券曰周文粲其兄嗜酒仰弟爲生兄或時酗毆粲鄰人不平而唁之粲怒曰兄未嘗毆我汝何離閒吾兄弟也曰蘇慶文者事繼母以孝聞常

語其婦曰汝事吾母小不謹必逐汝繼母少寡而無子由是安其室終身曰臺亭者善畫朝廷修景靈宮調天下畫工詣京師事畢詔選試其優者留翰林授官祿亭名第一以父老固辭歸養於田里南公所書昆皆建昌南城人曰陳策嘗買騾得不可被鞍者不忍移之他人命養於野廬俟其自斃其子與猾駔計因經過官人喪馬即磨破騾背以衒賈之既售矣策聞自追及告以不堪官人疑策愛也祕之策請試以鞍亢亢

終日不得被始謝還焉有人從策買銀器若羅綺者策不與羅綺其人曰向見君帑有之今何靳策曰然有質錢而没者歲月已久絲力縻脆不任用聞公欲以嫁女安可以此物病公哉取所當與銀器投熾炭中曰吾恐受質人或得銀之非眞者故爲公驗之曰危鼈者買鮑魚其駔舞秤權陰厚鼈魚人去身留鼈傍請曰公買止五斤巳爲公密倍入之願畀我酒鼈大驚道魚人數里返之醻以直又飲駔醇酒曰汝所欲酒

而已何欺寒人爲曰曾叔卿者買陶器欲轉易
於北方而不果行有人從之併售者叔卿與之
已納價猶問曰今以是何之其人對欲効公前
謀耳叔卿曰不可吾緣北方新有灾荒是故不
以行今豈宜不告以誤君乎遂不復售而叔卿
家苦貧妻子饑寒不恤也嗚呼此八人者賢乎
哉

王導小名

顔魯公書遠祖西平靖侯顔含碑晉李闡之文

也云含為光祿大夫馮懐欲為王導降禮君不從曰王公雖重故是吾家阿龍君是王親丈人故呼王小字晉書亦載此事而不書小字世説王丞相拜司空桓廷尉歎曰人言阿龍超阿龍故自超呼三公小字晉人浮虚之習如此

漢書用字

太史公陳渉世家今亡亦死舉大計亦死等死死國可乎又曰戍死者固什六七且壯士不死即巳死即舉大名耳疊用七死字漢書因之漢

溝洫志載賈讓治河策云河從河内北至黎陽爲石隄激使東抵東郡平剛又爲石隄使西北抵黎陽觀下又爲石隄使東北抵東郡津北又爲石隄使西北抵魏郡昭陽又爲石隄激使東北百餘里間河再西三東凡五用石隄字而不爲冗複非後人筆墨畦徑所能到也

姜嫄簡狄

毛公注生民詩姜嫄生后稷履帝武敏歆之句曰從於高辛帝而見於天也玄鳥詩天命玄鳥

降而生商之句曰春分玄鳥降簡狄配高辛帝帝與之祈于郊禖而生契故本其爲天所命以玄鳥至而生焉其說本自明白至鄭氏箋始云帝上帝也敏拇也祀郊禖時有大人之迹姜嫄履之足不能滿履其拇指之處心體歆歆然如有人道感已者遂有身後則生子又謂鳦遺卵簡狄吞之而生契其說本於史記謂姜嫄出野見巨人跡忻然踐之因生稷簡狄行浴見燕墮卵取吞之因生契此二端之怪妄先賢辭而闢

之多矣歐陽公謂稷契非高辛之子毛公於史記不取履迹之怪而取其訛繆之世次按漢書毛公趙人爲河閒獻王博士然則在司馬子長之前數十年謂爲取史記世次亦不然蓋世次之說皆出於世本故荒唐特甚其書今亡夫適野而見巨迹人將走避之不暇豈復故欲踐履以求不可知之禨祥飛鳥墮卵知爲何物而遽取吞之以古揆今人情一也今之愚人未必爾而謂古聖人之后妃爲之不待辨而明矣

羌慶同音

王觀國彦賓吳棫材老有學林及叶韻補注毛詩音二書皆云詩易太玄凡用慶字皆與陽字韻叶蓋羌字也引蕭該漢書音義慶音羌又曰漢書亦有作羌者班固幽通賦慶未得其云巳文選作羌而他未有明證予按揚雄傳所載反離騷慶夭顇而喪榮注云慶辭也讀與羌同最爲切據

佐命元臣

盛王創業必有同德之英輔成垂世久長之計
不如是不足以爲一代宗臣伊尹周公之事見
於詩書可考也漢蕭何佐高祖其始入關即收
秦丞相御史律令圖書以周知天下阸塞戶口
多少强弱處民所疾苦高祖失職爲漢王欲攻
項羽周勃灌嬰樊噲皆勸之何獨曰今衆弗如
百戰百敗願王王漢中收用巴蜀然後還定三
秦王用其言此劉氏興亡至計也進韓信爲大
將使當一面定魏趙燕齊高祖得顯心與楚角

無北顧憂且死引曹參代已而畫一之法成約三章以蠲秦暴拊百姓以申漢德四百年基業此焉肇之唐房元齡佐太宗初在秦府已獨收人物致幕下與諸將密相申結引杜如晦與參籌帷及爲宰相粲然興起治功以州縣成天下之治以租庸調天下之財以八百府十六衛本天下之兵以諫爭付王魏以兵事付靖勣御夷狄有道用賢材有術三百年基業此焉肇之其後制節度使而州縣之治壞更二稅法而租庸

之理壞變府兵爲彍騎諸衛爲神策而軍政壞雖有明臣良輔不能救也趙韓王佐藝祖監方鎮之勢削支郡以損其疆置轉運通判使掌錢穀以奪其富參命京官知州事以分其黨祿諸大功臣於環衛而不付以兵收天下驍鋭於殿巖而不使外重建法立制審官用人一切施爲至於今是賴此三君子之後代天理物碩大光明者世有其人所謂一時之相爾蕭之孫有罪及無子凡六絶國漢輒紹封之國朝褒録韓王

苗裔未嘗或忘唯房公之亡未十年以其子故奪襲爵停配享訖唐之世不復續唐家亦少恩哉

名世英宰

曹參爲相國日夜飲醇酒不事事而畫一之歌興王導輔佐三世無日用之益而歲計有餘末年畧不復省事自歎曰人言我憒憒後人當思我憒憒謝安石不存小察經遠無競唐之房杜傳無可載之功趙韓王得士大夫所投利害文

字皆寘二大甕滿則焚之李文靖以中外所陳一切報罷云以此報國此六七君子蓋非揚巳取名暸然使戶曉者眞名世英宰也豈曰不事事哉

檀弓誤字

檀弓載吳侵陳事曰陳太宰嚭使於師夫差謂行人儀曰是夫也多言盍嘗問焉師必有名人之稱斯師也者則謂之何太宰嚭曰其不謂之殺厲之師與按嚭乃吳夫差之宰陳遣使者正

用行人則儀乃陳臣也記禮者簡策差互故更錯其名當云陳行人儀使於師夫差使太宰嚭問之乃善忠宣公作春秋詩引斯事亦嘗辯正云

薛能詩

薛能者晚唐詩人格調不能高而妄自尊大其海棠詩序云蜀海棠有聞而詩無聞杜子美於斯興象不出沒而有懷天之厚余謹不敢讓風雅盡在蜀矣吾其庶幾然其語不過曰青苔浮

落處暮柳閒開時帶醉遊人揷連陰彼叟移晨前清露濕晏後惡風吹香少傳何許妍多畫半遺而已又有荔枝詩序曰杜工部老居兩蜀不賦是詩豈有意而不及歟白尚書曾有是作與旨卑泥與無詩同予遂爲之題不愧不負將來作者以其荔枝首唱愚其庶幾然其語不過曰顆如松子色如櫻未識蹉跎欲半生歲杪監州曾見樹時新入座久聞名而已又有折楊柳十首敘曰此曲盛傳爲詞者甚衆文人才子各銜

其能莫不條似舞腰葉如眉翠出口皆然頗爲
陳熟能專於詩律不愛隨人搜難抉新誓脫常
態雖欲勿伐知音者其舍諸然其詞不過曰華
清高樹出離宮南陌柔條帶暖風誰見輕陰是
良夜瀑泉聲畔月明中洛橋晴影覆江船羌笛
秋聲濕塞煙閑想習池公宴罷水蒲風絮夕陽
天而已別有柳枝詞五首最後一章曰劉白蘇
臺總近時當初章句是誰推纖腰舞盡春楊柳
未有儂家一首詩自注云劉白二尚書繼爲蘇

州刺史皆賦楊柳枝詞世多傳唱雖有才語但
文字太僻宫商不高耳能之大言如此但稍推
杜陵視劉白以下蔑如也今讀其詩亞堪一笑
劉之詞曰城外春風吹酒旗行人揮袂日西時
長安陌上無窮樹唯有垂楊管別離白之詞云
紅板江橋清酒旗館娃宫暖日斜時可憐雨歇
東風定萬樹千條各自垂其風流氣槩豈能所
髣髴哉

漢晉太常

漢自武帝以後丞相無爵者乃封侯其次雖御史大夫亦不以爵封爲閒唯太常一卿必以見侯居之而職典宗廟園陵動輒得咎由元狩以降以罪廢斥者二十人意武帝陰欲損侯國故使居是官以困之爾表中所載鄲侯蕭壽成坐犧牲瘦蔞侯孔臧坐衣冠道橋壞鄲侯周仲居坐不收赤側錢繩侯周平坐不繕園屋睢陵侯張昌坐乏祠陽平侯杜相坐擅役鄭舞人廣阿侯任越人坐廟酒酸江鄒侯靳石坐離宮道橋

苦惡戚侯李信成坐縱丞相侵神道俞侯欒賁
坐雍犧牲不如令山陽侯張當居坐擇博士弟
子不以實成安侯韓延年坐留外國文書新畤
侯趙弟坐鞫獄不實牧丘侯石德坐廟牲瘦當
塗侯魏不害坐孝文廟風發瓦轅陽侯江德坐
廟郎夜飲失火蒲侯蘇昌坐泄官書弋陽侯任
宮坐人盜茂陵園物建平侯杜緩坐盜賊多自
鄼侯至牧丘十四侯皆奪國武帝時也自當塗
至建平五侯但免官昭宣時也下及晉世此風

猶存惠帝元康四年大風廟闕屋瓦有數枚傾落免太常荀寓五年大風蘭臺主者來索阿棟之間得瓦小邪十五處遂禁止太常復與刑獄陵上荆一枝圍七寸二分者被斫司徒太常奔走道路太常禁止不解蓋循習漢事云

容齋隨筆卷第七

容齋隨筆卷第八 十五則

諸葛公

諸葛孔明千載人其用兵行師皆本於仁義節制自三代以降未之有也蓋其操心制行一出於誠生於亂世躬耕隴畝使無徐庶之一言玄德之三顧則苟全性命不求聞達必矣其始見玄德論曹操不可與爭鋒孫氏可與爲援而不可圖唯荆益可以取言如蓍龜終身不易二十餘年之閒君信之士大夫仰之夷夏服之敵人

畏之上有以取信於主故玄德臨終至云嗣子不才君可自取後主雖庸懦無立而舉國聽之而不疑下有以見信於人故廢廖立而立垂泣廢李嚴而嚴致死後主左右姦辟側佞充塞于中而無一人有心害疾者魏盡據中州乘操丕積威之後猛士如林不敢西向發一矢以臨蜀而公六出征之使魏畏蜀如虎司馬懿案行其營壘處所歎爲天下奇才鍾會伐蜀使人至漢川祭其廟禁軍士不得近墓樵採是豈智力策

慮所能致哉魏延每隨公出輒欲請兵萬人與公異道會于潼關公制而不許又欲請兵五千循秦嶺而東直取長安以爲一舉而咸陽以西可定史臣謂公以爲危計不用是不然公眞所謂義兵不用詐謀奇計方以數十萬之衆據正道而臨有罪建旗鳴鼓直指魏都固將飛書告之擇日合戰豈復驂行竊步事一旦之譎以規咸陽哉司馬懿年長於公四歲懿存而公死纔五十四耳天不祚漢非人力也霸氣西南歇雄

圖歷數屯杜詩盡之矣

沐浴佩玉

石駘仲卒有庶子六人卜所以爲後者曰沐浴佩玉則兆五人者皆沐浴佩玉石祁子曰孰有執親之喪而沐浴佩玉者乎不沐浴佩玉此檀弓之文也今之爲文者不然必曰沐浴佩玉則兆五人者如之祁子獨不可曰孰有執親之喪若此者乎似亦足以盡其事然古意衰矣

談叢失實

後山陳無已著談叢六卷高簡有筆力然所載
國朝事失於不考究多爽其實漫析數端於此
其一云呂許公惡韓富范三公欲廢之而不能
及西軍罷盡用三公及宋莒公夏英公于二府
皆其仇也呂既老大事猶問遂請出大臣行三
邊既建議乃數出道者院宿范公奉使陝西宿
此院相見云云 按呂公罷相詔有同議大事之
旨公辭乃慶曆三年三月至九月致仕矣四年
七月富范始奉使又三公入二府時莒公自在

外英公拜樞密使而中輟後二年莒方復入安
有五人同時之事其二云杜正獻丁文簡爲河
東宣撫任布之子上書歷詆執政至云至於臣
父亦出遭逢謂其非德選也杜戲丁曰賢郎亦
要牢籠丁深銜之其後二公同在政府蘇子美
進奏事作杜避嫌不預丁論以深文子美坐廢
爲民杜亦罷去一言之謔貽禍如此按杜公以
執政使河東時丁以學士爲副慶曆四年十一
月進奏獄起杜在相位五年正月罷至五月丁

公方從翰林參知政事安有深文論子美之說且杜公重厚當無以人父子爲譴之理丁公長者也肯追仇一言陷賢士大夫哉其三云張乖崖自成都召爲參知政事旣至而腦疽作求補外乃知杭州而疾愈上使中人往伺之言且將召也丁晉公以白金賂使者還言如故乃不召按張兩知成都其初還朝爲戶部使中丞始知杭州是時丁方在侍從其後自蜀知昇州丁爲三司使豈有如前所書之事其四云乖崖在陳

聞晉公逐萊公知禍必及已乃延三大戶與之博出彩骰子勝其一坐乃買田宅爲歸計以自活晉公聞之亦不害也按張公以祥符六年知陳州八年卒後五年當天禧四年寇公方罷相旋坐貶豈有所謂乖崖自污之事茲四者所係不細乃誕漫如此蓋前輩不家藏國史好事者肆意飾説爲美聽疑若可信故誤人紀述後山之書必傳於後世懼詒千載之惑予是以辨之

石砮

東坡作石砮記云禹貢荆州貢礪砥砮丹及箘簵楛梁州貢砮磬至春秋時隼集于陳廷楛矢貫之石砮長尺有咫問於孔子孔子不近取之荆梁而遠取之肅慎則荆梁之不貢此久矣顔師古曰楛木堪爲笴今豳以北皆用之以此考之用楛爲矢至唐猶然而用石爲砮則自春秋以來莫識矣按晉書挹婁傳有石砮楛矢國有山出石其利入鐵周武王時獻其矢砮魏景元末亦來貢晉元帝中興又貢石砮後通貢於石

虎虎以夸李壽者也唐書黑水靺鞨傳其矢石鏃長二寸蓋楛砮遺法然則東坡所謂春秋以來莫識恐不考耳予家有一砮正長二寸豈黑水物乎

陶淵明

陶淵明高簡閒靖爲晉宋第一輩人語其饑則簞瓢屢空缾無儲粟其寒則裋褐穿結絺綌冬陳其居則環堵蕭然風日不蔽窮困之狀可謂至矣讀其與子儼等疏云恨室無萊婦抱兹苦

心汝等雖曰同生當思四海皆兄弟之義管仲鮑叔分財無猜他人尚爾況同父之人哉然則猶有庶子也責子詩云雍端年十三此兩人必異母爾淵明在彭澤悉令公田種秫曰吾常得醉於酒足矣妻子固請種秔乃使二頃五十畝種秫五十畝種秔其自敘亦云公田之利足以爲酒故便求之猶望一稔而逝然仲秋至冬在官八十餘日即自免去職所謂秫秔蓋未嘗得顆粒到口也悲夫

東晉將相

西晉南渡國勢至弱元帝爲中興主已有雄武不足之譏餘皆童幼相承無足稱筭然其享國百年五胡雲擾竟不能窺江漢苻堅以百萬之衆至於送死肥水後以强臣擅政鼎命乃移其於江左之勢固自若也是果何術哉嘗考之矣以國事付一相而不貳其任以外寄付方伯而不輕其權文武二柄既得其道餘皆可槩見矣百年之間會稽王昱道子元顯以宗室王敦二

桓以逆取姑置勿言卞壼陸玩郗鑒陸曄王彪之坦之不任事其眞託國者王導庾亮何充庾冰蔡謨殷浩謝安劉裕八人而已方伯之任莫重於荆徐荆州爲國西門刺史常都督七八州事力雄强分天下半自渡江訖于太元八十餘年荷閫寄者王敦陶侃庾氏之亮翼桓氏之温豁沖石民八人而已非終於其軍不輒易將士服習於下敵人畏敬於外非忽去忽來兵不適將將不適兵之比也頃嘗爲主上論此蒙欣然

領納特特有不同不能行爾

賞魚袋

衡山有唐開元二十年所建南岳真君碑衡州司馬趙頤貞撰荆府兵曹蕭誠書末云別駕賞魚袋上柱國光大晊賞魚袋之名不可曉他處未之見也

浯溪留題

永州浯溪唐人留題頗多其一云太僕卿分司東都韋瓘太中二年過此余大和中以中書舍

人謫官康州逮今十六年去冬罷楚州刺史今年二月有桂林之命纔經數月又蒙除替行次靈川聞改此官分司優閒誠爲忝幸按新唐書瓘仕累中書舍人與李德裕善李宗閔惡之德裕罷相貶爲明州長史終桂管觀察使以題名證之乃自中書謫康州又不終於桂史之誤如此瓘所稱十六年前正當大和七年是時德裕方在相位八年十一月始罷然則瓘之去國果不知坐何事也

皇甫湜詩

皇甫湜李翺雖爲韓門弟子而皆不能詩浯溪石間有湜一詩爲元結而作其詞云次山有文章可惋只在碎然長於指敘約潔多餘態心語適相應出句多分外於諸作者間拔戟成一隊中行雖富劇粹美君可蓋子昂感遇佳未若君雅裁退之全而神上與千年對李杜才海翻高下非可槩文於一氣間爲物莫與大先王路不荒豈不仰吾輩石屏立衙衙溪口揚素瀨我思

何人知徙倚如　待味此詩乃諭唐人文章耳風格殊無可采也

人物以義爲名

人物以義爲名者其别最多仗正道曰義義師義戰是也衆所尊戴者曰義義帝是也與衆共之曰義義倉義社義田義學義役義井之類是也至行過人曰義義士義俠義姑義夫義婦之類是也自外入而非正者曰義義父義兒義兄弟義服之類是也衣裳器物亦然在首曰義髻

在衣曰義襴義領合中小合子曰義子之類是
也合衆物爲之則有義漿義墨義酒禽畜之賢
則有義犬義烏義鷹義鶻
人君壽考
三代以前人君壽考有過百年者自漢晉唐三
國南北下及五季凡百三十六君唯漢武帝吳
大帝唐高祖至七十一玄宗七十八梁武帝八
十三自餘至五六十者亦鮮即此五君而論之
梁武召侯景之禍幽辱告終旋以亡國玄宗身

致大亂播遷失意飲恨而沒享祚久長翻以爲害固已不足言漢武末年巫蠱事起自皇太子公主皇孫皆不得其死悲傷愁沮羣臣上壽拒不舉觴以天下付之八歲兒吳大帝廢太子和殺愛子魯王霸唐高祖以秦王之故兩子十孫同日併命不得已而禪位其方寸爲如何然則五君者雖有崇高之位享耆耋之壽竟何益哉若光堯太上皇帝之福眞可於天人中求之

韓文公佚事

韓文公自御史貶陽山新舊二唐史皆以爲坐論宫市事按公赴江陵途中詩自敘此事甚詳云是年京師旱田畝少所收有司恤經費求免煩誅求傳聞閭里間赤子棄渠溝我時出衢路餓者何其稠適會除御史誠當得言秋拜疏移閤門爲忠寧自謀上陳人疾苦無令絶其喉下言畿甸内根本理宜優積雪驗豐熟幸寛待蠶麰天子惻然感司空嘆綢繆謂言即施設乃反遷炎洲皇甫湜作公神道碑云關中旱饑人死

相枕藉吏刻取恩先生列言天下根本民急如是請寬民徭而免田租專政者惡之遂貶然則不因論宮市明甚碑又書三事云公爲河南令魏鄆幽鎭各爲留邸貯潛卒以槖罪亡公將擿其禁斷民署吏俟旦發留守尹大恐遽止之是後鄆邸果謀反將屠東都以應淮蔡及從討元濟請於裴度須精兵千人間道以入必擒賊未及行李愬自文城夜入得元濟三軍之士爲公恨復謂度曰今藉聲勢王承宗可以辭取不煩

兵矣得栢耆口授其詞使耆執筆書之持以入鎮州承宗遂割德棣二州以獻李翺作公行狀所載略同而唐書並逸其事且以鎮州之功專歸栢耆豈非未嘗見湜文集乎資治通鑑亦僅言耆以策干愈愈爲白度爲書遣之耳

論韓文公

劉夢得李習之皇甫持正李漢皆稱誦韓公之文各極其勢劉之語云高山無窮太華削成人文無窮夫子挺生鸞鳳一鳴蜩螗革音手持文

柄高視寰海權衡低昂瞻我所在三十餘年聲
名塞天習之云建武以還文卑質喪氣萎體敗
剽剥不讓撥去其華得其本根包劉越嬴並武
同殷六經之風絶而復新學者有歸大變于文
又云公每以爲自揚雄之後作者不出其所爲
文未嘗効前人之言而固與之並後進之士有
志於古文者莫不視以爲法皇甫云先生之作
無圓無方主是歸工抉經之心執聖之權尚友
作者跂邪觝異以扶孔子存皇之極茹古涵今

無有端涯鯨鏗春麗驚耀天下栗密窈眇章妥
句適精能之至鬼入神出姬氏以來一人而已
又云屬文意語天出業孔子孟軻而侈其文焯
焯烈烈爲唐之章又云如長江秋注千里一道
然施於灌溉或爽於用此論似爲不知公者漢
之語云詭然而蛟龍翔蔚然而虎鳳躍鏘然而
韶鈞鳴日光玉潔周情孔思千態萬貌卒澤於
道德仁義炳如也是四人者所以推高韓公可
謂盡矣及東坡之碑一出而後衆說盡廢其略

云匹夫而為百世師一言而為天下法是皆有以參天地之化關盛衰之運自東漢以來道喪文弊歷唐正觀開元而不能救獨公談笑而麾之天下靡然從公復歸於正文起八代之衰道濟天下之溺豈非參天地而獨存者乎騎龍白雲之詩蹈厲發越直到雅頌所謂若捕龍蛇搏虎豹者大哉言乎

治生從宦

韓詩曰居閒食不足從仕力難任兩事皆害性

一生常苦心然治生從官自是兩塗未嘗有兼
得者張釋之以貲爲郎十年不得調曰久宦減
兄仲之產不遂欲免歸司馬相如亦以貲爲郎
因病免家貧無以自業至從故人於臨卭及歸
成都家徒四壁立而已

真宗末年

真宗末年屬疾每視朝不多語言命令間或不
能周審前輩雜傳記多以爲權臣矯制而非也
錢文僖在翰林有天禧四年筆録紀逐日瑣細

家事及一時奏對并他所聞之語今略載於此
寇萊公罷相之夕錢公當制上問與何官得錢
奏云王欽若近出除太子太保上曰近上是甚
云太子太傅上曰與太子太傅又云更與一優
禮錢奏但請封國公而已時樞密有五員而中
書只參政李迪一人後月餘召學士楊大年宣
云馮拯與吏書李迪吏侍更無他言楊奏若只
轉官合中書命詞唯樞密使平章事却學士院
降制上云與樞密使平章事楊亦憂慮而不復

審退而草制以迪爲吏部侍郎集賢相拯爲樞密相又四日召知制誥晏殊殊退乃召錢上問馮拯如何商量錢奏外論甚美只爲密院却有三員正使三員副使中書依舊一員以此外人疑訝上云如何安排錢奏若却令拯入中書即是彰昨來錯誤但於曹利用丁謂中選一人過中書即並不妨事上曰誰得錢奏丁謂是文官合入中書上云入中書遂奏授同平章事又奏兼玉清宮使又奏兼昭文國史又乞加曹利用

平章事上云與平章事按此際大除拜本真宗啓其端至於移改曲折則其柄乃係詞臣可以舞文容姦不之覺也寇公免相四十日周懷政之事方作温公記聞蘇子由龍州志范蜀公東齋記事皆誤以爲因懷政而罷非也予嘗以錢録示李燾燾采取之又誤以召晏公爲寇罷之夕亦非也

容齋隨筆卷第八

霍光賞功

漢武帝外事四夷出爵勸賞凡將士有軍功無問貴賤未有不封侯者及昭帝時大鴻臚田廣明平益州夷斬首捕虜三萬但賜爵關内侯蓋霍光爲政務與民休息故不欲求邊功益州之師不得已耳與唐宋璟抑郝靈佺斬默啜之意同然數年之後以范明友擊烏桓傅介子刺樓蘭皆即侯之則爲非是蓋明友光女婿也

尺棰取半

莊子載惠子之語曰一尺之棰日取其半萬世不竭雖爲寓言然此理固具蓋但取其半正碎爲微塵餘半猶存雖至於無窮可也特所謂卵有毛雞三足犬可以爲羊馬有卵火不熱龜長於蛇飛鳥之景未嘗動如是之類非詞說所能了也

漢文失材

漢文帝見李廣曰惜廣不逢時令當高祖世萬

户侯豈足道哉賈山上書言治亂之道借秦爲喻其言忠正明白不下賈誼曾不得一官史臣猶贊美文帝以爲山言多激切終不加罰所以廣諫爭之路觀此二事失材多矣吳楚反時李廣以都尉戰昌邑下顯名以梁王授廣將軍印故賞不行武帝時五爲將軍擊匈奴無尺寸功至不得其死三朝不遇命也夫

陳軫之説踈

戰國權謀之士游説從横皆趨一時之利殊不

顧義理曲直所在張儀欺楚懷王使之絶齊而
獻商於之地陳軫諫曰張儀必負王商於不可
得而齊秦合是北絶齊交西生秦患其言可謂
善矣然至云不若陰合而陽絶於齊使人隨張
儀苟與吾地絶齊未晩是軫不深計齊之可絶
與否但以得地爲意耳及秦負約楚王欲攻之
軫又勸曰不如因賂之以一名都與之并兵而
攻齊是我亡地於秦取償於齊也此策尤乖謬
不義且秦加亡道於我乃欲賂以地齊本與國

楚無故而絶之宜割地致幣卑詞謝罪復求其援而反欲攻之軫之説於是踈矣乃知魯仲連虞卿爲豪傑之士非軫輩所能企及也

顔率兒童之見

秦興師臨周而求九鼎周君患之顔率請借救於齊乃請齊王許以鼎齊爲發兵救周而秦兵罷齊將求鼎周君又患之顔率復請齊曰願獻九鼎不識何塗之從而致之齊齊王將寄徑於梁於楚率皆以爲不可齊乃止戰國策首載此

事蓋以爲奇謀予謂此特兒童之見爾爭戰雖急要當有信令一紿齊可也獨不計後日諸侯來伐誰復肯救我乎疑必無是事好事者飾之爾故史記通鑑皆不取

皇甫湜正閏論

晉魏以來正閏之說紛紛前人論之多矣蓋以宋繼晉則至陳而無所終由隋而推之爲周爲魏則上無所起故司馬公於通鑑取南朝承晉訖於陳亡然後係之隋開皇九年姑藉其年以

絕事無所抑揚也唯皇甫湜之論不然曰晉之南遷與平王避戎之事同而元魏種實匈奴自爲中國之位號謂之滅耶晉實未改謂之禪耶已無所傳而往之著書者有帝元今之爲録者皆閏晉失之遠矣晉爲宋宋爲齊齊爲梁江陵之滅則爲周矣陳氏自樹而奪無容於言故自唐推而上唐受之隋隋得之周周取之梁推梁而上以至于堯舜爲得天下統則陳僭於南元閏於北其不昭昭乎此說亦有理然予復考之

滅梁江陵者魏文帝也時歲在甲戌又三年丁丑周乃代魏不得云江陵之滅則爲周也

簡師之賢

皇甫持正集有送簡師序云韓侍郎貶潮州浮圖之士懽快以抃師獨憤起訪余求序行資適潮不顧蛇山鱷水萬里之嶮毒若將朝得進拜而夕死者師雖佛其名而儒其行雖夷狄其衣服而人其知不猶愈於冠儒冠服朝服惑溺於經怪之説以斁彝倫邪干讀其文想見簡師之

賢而惜其名無傳於後世故表而出之

老人推恩

唐世赦宥推恩於老人絶優開元二十三年耕籍田侍老百歲以上版授上州刺史九十以上中州刺史八十以上上州司馬二十七年赦百歲以上下州刺史婦人郡君九十以上上州司馬婦人縣君八十以上縣令婦人鄉君天寶七載京城七十以上本縣令六十以上縣丞天下侍老除官與開元等國朝之制百歲者始得初

品官封比唐不侔矣淳熙三年以太上皇帝慶壽之故推恩稍優遂有增年詭籍以冒榮命者使如唐日將如何哉

唐三傑

漢高祖以蕭何張良韓信爲人傑此三人者眞足以當之也唐明皇同日拜宋璟張説源乾曜三故相官帝賦三傑詩自寫以賜其意蓋以比蕭張等也説與乾曜豈璟比哉明皇可謂不知臣矣

忠義出天資

忠義守節之士出於天資非關居位貴賤受恩淺深也王莽移漢祚劉歆以宗室之雋導之爲逆孔光以宰相輔成其事而龔勝以故大夫守誼以死郭欽蔣詡以刺史郡守栗融禽慶曹竟蘇章以儒生皆去官不仕陳咸之家至不用王氏臘蕭道成簒宋褚淵王儉奕世達官身爲帝甥主壻所以縱臾滅劉唯恐不速而死節者乃王蘊卜伯興黃回任候伯之輩耳安祿山朱泚

之變陳希烈張均張垍喬琳李忠臣皆以宰相世臣爲之丞弼而甄濟權臯劉海賓段秀實或以幕府小吏或以廢斥列卿捐身立節名震海内人之賢不肖相去何止天冠地屨乎

劉歆不孝

事親孝故忠可移於君是以求忠臣必於孝子之門劉歆事父雖不載不孝之迹然其議論每與向異同故向拳拳於國家欲抑王氏以崇劉氏而歆乃力贊王莽唱其凶逆至爲之國師公

文改名秀以應圖讖竟亦不免爲莽所誅子棻
女愔皆以戮死使天道每如是不善者其知懼
乎

漢法惡誕謾

李廣以私忿殺霸陵尉上書自陳謝罪武帝報
之曰報忿除害朕之所圖於將軍也若乃免冠
徒跣稽顙請罪豈朕之指哉張敞殺絮舜上書
曰臣待罪京兆絮舜本臣素所厚吏以臣有章
劾當免受記考事謂臣五日京兆背恩忘義臣

竊以舜無狀枉法以誅之臣賊殺不辜鞫獄故
不直死無所恨宣帝引拜爲刺史漢世法令最
惡誕謾罔上廣㪿雖妄殺人一語陳情則赦之
不問所以開臣下不敢爲欺之路也武帝待張
湯非不厚及問魯謁居事謂其懷詐面欺殺之
不貸眞得御臣之法

漢官名

漢官名有不書於百官表而因事乃見者如行
寃獄使者因張㪿殺絮舜而見美俗使者因何

並代嚴詡而見河隄使者因王延世塞決河而
見直指使者因暴勝之而見豈非因事置官事
已即罷乎

五胡亂華

劉聰乘晉之衰盜竊中土身死而嗣滅男女無
少長皆戕於靳準劉曜承其後不能十年身爲
人禽石勒嘗盛矣子奪於虎虎盡有秦魏燕齊
韓趙之地死不一年而後嗣屠戮無一遺種慕
容雋乘石氏之亂跨據河山亦僅終其身至子

而滅符堅之興又非劉石比然不能自免社稷爲墟慕容垂乘符氏之亂盡復燕祚死未期年基業傾覆此七人者皆夷狄亂華之巨擘也而不能久如此今之金虜爲國八十年傳數酋矣未亡何耶

石宣爲彗

石虎將殺其子宣佛圖澄諫曰陛下若加慈恕福祚猶長若必誅之宣當爲彗星下埽鄴宮虎不從明年虎死二年國亡晉史書之以爲澄言

之驗予謂此乃石氏窮凶極虐爲天所棄豈一逆子便能上干玄象起彗孛乎宣殺其弟韜又欲行冒頓之事寧有不問之理澄言既妄史氏誤信而載之資治通鑑亦失於不刪也

三公改他官

國初以來宰相帶三公官居位及罷去多有改他官者范質自司徒侍中改太子太傅王溥自司空改太子太保呂蒙正自司空改太子太師是也天禧以前唯趙普王旦乃依舊公師仍復

遷秩天聖而後恩典始隆張士遜致仕至以兵部尚書得太傅云

帶職致仕

熈寧以前待制學士致仕者率遷官而解其職若有疾就閑者亦換爲集賢院學士蓋不以近職處散地也帶職致仕方自熈寧中王素始後改集賢學士爲修撰政和中又改爲右文云

朋友之義

朋友之義甚重天下之達道五君臣父子兄弟

夫婦而至朋友之交故天子至於庶人未有不須友以成者天下俗薄而朋友道絶見於詩不信乎朋友弗獲乎上見於中庸孟子朋友信之孔子之志也車馬衣裘與朋友共子路之志也與朋友交而信曾子之志也周禮六行五曰任謂信於友也漢唐以來猶有范張陳雷元白劉柳之徒始終相與不以死生貴賤易其心本朝百年間此風尚存嗚呼今亡矣

高科得人

國朝自太平興國以來以科舉羅天下士士之策名前列者或不十年而至公輔呂文穆公蒙正張文定公齊賢之徒是也及嘉祐以前亦指日在清顯東坡送章子平序以謂仁宗一朝十有三榜數其上之三人凡三十有九其不至於公卿者五人而已蓋爲士者知其身必達故自愛重而不肯爲非天下公望亦以鼎貴期之故相與愛惜成就以待其用至嘉祐四年之制前三名始不爲通判第一人才得評事簽判代還

升通判又任滿始除館職王安石爲政又殺其
法恩數既削得人亦衰矣觀天聖初榜宋鄭公
郊葉清臣鄭文肅公戩高文莊公若訥曾魯公
公亮五人連名二宰相二執政一三司使第二
榜王文忠公堯臣韓魏公琦趙康靖公槩連名
第二榜王宣徽拱辰劉相沆孫文懿公抃連名
楊寘榜寘不幸即死王岐公珪韓康公絳王荊
公安石連名劉煇榜煇不顯胡右丞宗愈安門
下燾劉忠肅公摯章申公惇連名其盛如此治

平以後第一人作侍從蓋可數矣

辛慶忌

漢成帝將立趙飛燕爲皇后怒劉輔直諫囚之掖廷獄左將軍辛慶忌等上書救輔遂得減死朱雲請斬張禹上怒將殺之慶忌免冠解印綬叩頭殿下曰此臣素著狂直臣敢以死爭叩頭流血上意解然後得已慶忌此兩事可與汲黯王章同科班史不書於本傳但言其爲國虎臣匈奴西域敬其威信而已方爭朱雲時公卿在

前曾無一人助之以請爲可羞也

楚懷王

秦楚之際楚懷王以牧羊小兒爲項氏所立首尾才三年以事攷之東坡所謂天下之賢主也項梁之死王并吕臣項羽軍自將之羽不敢爭見宋義論兵事即以爲上將軍而羽乃爲次將擇諸將入關羽怨秦奮勢願與沛公西王以羽慓悍禍賊不許獨遣沛公羽不敢違及秦既亡羽使人還報王王曰如約令沛公王關中此數

者皆能自制命非碌碌孱王受令於强臣者故終不能全於項氏然遣將救趙滅秦至于有天下皆出其手太史公作史記當爲之立本紀繼於秦後待其亡則次以漢高祖可也而乃立項羽本紀義帝之事特附見焉是直以羽爲代秦也其失多矣高祖嘗下詔以秦皇帝楚隱王亡後爲置守冢幷及魏齊趙三王而義帝乃高祖故君獨鈌不問豈簡策脫佚乎

范增非人傑

世謂范增爲人傑予以爲不然吏考平生蓋出戰國從横之餘見利而不知義者也始勸項氏立懷王及羽奪王之地遷王於郴已而殺之增不能引君臣大誼爭之以死懷王與諸將約先入關中者王之沛公旣先定關中則當如約增乃勸羽殺之又從之蜀漢羽之伐趙殺上將宋義增爲末將坐而視之坑秦降卒殺秦降王燒秦宮室增皆親見之未嘗聞一言也至於滎陽之役身遭反閒然後發怒而去嗚呼疎矣哉東

坡公論此事偉甚猶未盡也

翰苑故事

翰苑故事今廢棄無餘唯學士入朝猶有朱衣院吏雙引至朝堂而止及景靈宫行香則引至立班處公文至三省不用申狀但尺紙直書其事右語云諮報尚書省伏候裁旨月日押謂之諮報此兩事僅存

唐揚州之盛

唐世鹽鐵轉運使在揚州盡斡利權判官多至

數十人商賈如織故諺稱揚一益二謂天下之
盛揚爲一而蜀次之也杜牧之有春風十里珠
簾之句張祜詩云十里長街市井連月明橋上
看神仙人生只合揚州死禪智山光好墓田王
建詩云夜市千燈照碧雲高樓紅袖客紛紛如
今不似時平日猶自笙歌徹曉聞徐凝詩云天
下三分明月夜二分無賴是揚州其盛可知矣
自畢師鐸孫儒之亂蕩爲丘墟楊行密復葺之
稍成壯藩又燬於顯德本朝承平百七十年尚

不能及唐之什一、今日眞可酸鼻也、

張祜詩

唐開元天寶之盛、見於傳記歌詩多矣、而張祜所詠尤多、皆他詩人所未嘗及者、如正月十五夜燈云、千門開鎖萬燈明、正月中旬動帝京、三百内人連袖舞、一時天上著詞聲、上巳樂云、猩猩血染繫頭標、天上齊聲舉畫橈、却是内人爭意切、六宮紅袖一時招、春鶯囀云、興慶池南柳未開、太眞先把一枝梅、内人已唱春鶯囀、花下

傞傞軟舞來又有大酺樂邠王小管李謨笛寧哥來邠娘羯鼓退宫人耍娘歌悖拏兒舞阿鷂湯雨霖鈴香囊子等詩皆可補開天遺事絃之樂府也

古人無忌諱

古人無忌諱如季武子成寢杜氏之葬在西階之下請合葬焉許之入宫而不敢哭武子命之哭曾子與客立於門側其徒有父死將出哭於巷者曾子曰反哭於爾次北面而弔焉伯高死

於衛赴於孔子孔子曰夫由賜也見我吾哭諸
賜氏遂哭於子貢寢門之外命子貢爲之主曰
爲爾哭也來者拜之夫以國卿之寢階許外人
入哭而葬已所居室而令門弟子哭其親朋友
之喪而受哭於寢門之外令人必不然者也聖
賢所行固爲盡禮季孫宿亦能如是以古方今
相去何直千萬也

宰我不詐

宰我以三年之喪爲久夫子以食稻衣錦問之

曰於女安乎曰安後人以是譏宰我謂孔門高
第乃如是殊不知其由衷之言不爲詐僞所以
爲孔門高第也魯悼公之喪孟敬子曰食粥天
下之達禮也吾三臣者之不能居公室也四方
莫不聞矣勉而爲瘠毋乃使人疑夫不以情居
瘠者乎哉我則食食樂正子春之母死五日而
不食曰吾悔之自吾母而不得吾情吾惡乎用
吾情謂勉强過禮也夫不情之惡賢者所深戒
雖孟敬子之不臣寧廢禮食食不肯不情而爲

𢡟蓋先王之澤未遠故不肖者亦能及之

李益盧綸詩

李益盧綸皆唐大曆十才子之傑者綸於益爲內兄嘗秋夜同宿益贈綸詩曰世故中年別餘生此會同却將愁與病獨對朗陵翁綸和曰戚戚一西東十年今始同可憐風雨夜相問兩衰翁二詩雖絶句讀之使人悽然皆奇作也

容齋隨筆卷第九

容齋隨筆卷第十　二十則

楊彪陳羣

魏文帝受禪欲以楊彪爲太尉彪辭曰彪備漢三公耄年被病豈可贊惟新之朝乃授光禄大夫相國華歆以形色忤旨徙爲司徒而不進爵帝久不懌以問尚書令陳羣曰我應天受禪相國及公獨不怡何也羣對曰臣與相國曾臣漢朝心雖悦喜猶義形於色夫曹氏篡漢忠臣義士之所宜痛心疾首縱力不能討忍復仕其朝

爲公卿乎歆羣爲一世之賢所立不過如是彪遜辭以免禍亦不敢一言及曹氏之所以得蓋自黨錮禍起天下賢士大夫如李膺范滂之徒屠戮殆盡故所存者如是而已士風不競悲夫章惇蔡京爲政欲殄滅元祐善類正士禁錮者三十年以致靖康之禍其不爲歆羣者幾希矣

袁盎溫嶠

趙談常害袁盎盎兄子種曰君與鬬廷辱之使其毁不用文帝出談參乘盎前曰天子所與共

六尺輿者皆天下豪英陛下柰何與刀鋸餘人載上笑下談談泣下車温嶠將去王敦而懼錢鳳爲之姦謀因敦餞别嶠起行酒至鳳擊鳳幘墜作色曰錢鳳何人温太眞行酒而敢不飲及發後鳳入説敦曰嶠於朝廷甚密未必可信敦曰太眞昨醉小加聲色豈得以此便相讒貳由是鳳謀不行二者之智如此

日飲亡何

漢書爰盎傳南方卑濕君能日飲亡何顔師古

注云無何言更無餘事而史記盎傳作日飲毋苛蓋言南方不宜多飲耳今人多用亡何字

爰盎小人

爰盎眞小人每事皆借公言而報私怨初非盡忠一意爲君上者也嘗爲呂祿舍人故怨周勃文帝禮下勃何豫盎事乃有非社稷臣之語謂勃不能爭呂氏之事適會成功耳致文帝有輕勃心既免使就國遂有廷尉之難嘗謁丞相申屠嘉嘉弗爲禮則之丞相舍折困之爲趙談所

害故沮止其參乘素不好鼂錯故因吳反事請誅之蓋盎本安陵羣盜宜其忮心忍戾如此死於刺客非不幸也

唐書判

唐銓選擇人之法有四一曰身謂體貌豐偉二曰言言辭辯正三曰書楷法遒美四曰判文理優長凡試判登科謂之入等甚拙者謂之藍縷選未滿而試文三篇謂之宏辭試判三條謂之拔萃中者即授官既以書爲藝故唐人無不工

楷法以判爲貴故無不習熟而判語必駢儷今所傳龍筋鳳髓判及白樂天集甲乙判是也自朝廷至縣邑莫不皆然非讀書善文不可也宰臣每啓擬一事亦必偶數十語今鄭畋勑語堂判猶存世俗喜道瑣細遺事參以滑稽目爲花判其實乃如此非若今人握筆據案只署一字亦可國初尚有唐餘波久而革去之但體貌豐偉用以取人未爲至論

古彝器

三代彝器其存至今者人皆寶爲奇玩然自春秋以來固重之矣經傳所記取郜大鼎于宋魯以吳夢壽之鼎賂荀偃晉賜子産莒之二方鼎齊賂晉以紀甗玉磬徐賂齊以甲父之鼎鄭賂晉以襄鍾衛欲以文之舒鼎定之鞶鑑納魯侯樂毅爲燕破齊祭器設於寧臺大呂陳於元英故鼎反乎磨室是已

玉蘂杜鵑

物以希見爲珍不必異種也長安唐昌觀玉蘂

乃令瑒花又名米囊黄魯直易爲山礬者潤州
鶴林寺杜鵑乃今映山紅又名紅躑躅者二花
在江東彌山亘野殆與榛莽相似而唐昌所產
至於神女下游折花而去以踐玉峯之期鶴林
之花至以爲外國僧鉢盂中所移上玄命三女
下司之巳踰百年終歸閬苑是不特土俗罕見
雖神仙亦不識也王建宫詞云太儀前日暖房
來囑向昭陽乞藥栽敕賜一窠紅躑躅謝恩未
了奏花開其重如此蓋宫禁中亦鮮云

禮寺失職

唐開元中封孔子爲文宣王顏子爲兗公閔子至子夏爲侯羣弟子爲伯本朝祥符中進封公爲國公侯爲郡公伯爲侯紹興二十五年太上皇帝御製贊七十五首而有司但具唐爵故宸翰所標皆用開元國邑其失於考據如此今當請而正之可也紹興末胡馬飲江既而自斃詔加封馬當釆石金山三水府太常寺按籍係四字王當加至六字及降告命至其處廟令以舊

告來則已八字矣逐郡爲繳回新命而別易二
美名以寵之禮寺之失職類此方完顔亮據淮
上予從樞密行府於建康嘗致禱大江能令虜
不得渡者當奏冊爲帝洎事定朝廷許如約朱
丞相漢章曰四瀆當一體獨帝江神禮乎予曰
懲勸之道人神一也彼洪河長淮受國家祭祀
血食不爲不久當胡騎之來如行枕席唯大江
滔滔天險坐遏巨敵之衝使其百萬束手倒戈
而退此其靈德陰功於河淮何如自五岳進冊

之後今蔣廟陳果仁祠亦稱之江神之帝於是
爲不忝矣朱公終以爲不可亦僅改兩字吁可
惜哉

徐凝詩

徐凝以瀑布界破青山之句東坡指爲惡詩故
不爲詩人所稱說予家有凝集觀其餘篇亦自
有佳處今漫紀數絶于此漢宮曲云水色簾前
流玉霜趙家飛燕侍昭陽掌中舞罷簫聲絶三
十六宮秋夜長憶揚州云蕭娘臉下難勝淚桃

葉眉頭易得愁天下三分明月夜二分無賴是揚州相思林云遠客遠游新過嶺每逢芳樹問芳名長林遍是相思樹爭遣愁人獨自行翫花云一樹棃花春向暮雪枝殘處怨風來明朝漸校無多去看到黃昏不欲回將歸江外辭韓侍郎云一生所遇唯元白天下無人重布衣欲別朱門淚先盡白頭游子白身歸皆有情致宜其見知於微之樂天也但俗子妄作樂天詩繆爲賞激以起東坡之誚耳

梅花横參

今人梅花詩詞多用參横字蓋出柳子厚龍城録所載趙師雄事然此實妄書或以爲劉無言所作也其語云東方已白月落參横且以冬半視之黄昏時參已見至丁夜則西没矣安得將旦而横乎秦少游詩月落參横畫角哀暗香消盡令人老承此誤也唯東坡云紛紛初疑月桂樹耿耿獨與參横昏乃爲精當老杜有城擁朝來客天横醉後參參之句以全篇攷之蓋初秋所

作也

致仕之失

大夫七十而致事謂之得謝美名也漢韋賢薛廣德疏廣疏受或縣安車以示子孫賣黄金以侈君賜爲榮多矣至於龔勝鄭弘輩亦詔策襃表郡縣存問合於三代敬老之義本朝尤重之大臣告老必寵以東宫師傅侍從者文若晁迥孫奭李柬之亦然宣和以前蓋未有既死而方乞致仕者南渡之後故實散亡於是朝奉武翼

郎以上不以内外高卑率爲此舉其最甚而無
理者雖宰相輔臣考終於位其家發哀即服降
旨聲鍾給賻既已閱日方且爲之告廷出命綸
書之中不免有親醫藥介壽康之語如秦太師
万俟丞相陳魯公沈必先王時亨鄭仲益是已
其在外者非易簀屬纊不復有請閒千百人中
有一二焉則知與不知駭惜其死子弟游宦遠
地往往飮泣不寧謁急奔命故及無事日不敢
爲之紹興二十九年予爲吏部郎因輪對奏言

乞令吏部立法自今日以往當得致仕恩澤之人物故者即以告所在州州上省部然後夷考其平生非有贓私過惡於式有累者輒官其後人若眞能陳義引年或辭榮知止者乞厚其節禮以厲風俗賢於率天下爲僞也太上覽奏欣納曰朕記得此事之廢方四十年當如卿語既下三省諸公多以爲是而首相湯岐公獨難之其議遂寢今不復可正云

南班宗室

南班宗室自來只以本官奉朝請自隆興以後始帶宮觀使及提舉今嗣濮王永陽恩平安定王以下皆然非制也

省郎稱謂

除省郎者初降旨揮但云除某部郎官蓋以知州資序者當爲郎中不及者爲員外郎及吏部擬告身細銜則始直書之其兼權者初云權某部郎官洎入銜及文書皆曰權員外郎已是他部郎中則曰權郎中至紹興末馮方以館職攝

吏部欲爲異則繫銜曰兼權尚書吏部郎官予
嘗叩其説馮曰所被省劄只言權郎官故不敢
耳予曰省劄中豈有尚書二字乎馮無以對然
訖不肯改自後相承效之至今告命及符牒所
書亦云權郎官固已甚野至於尚左侍右之名
遂入除目皆小吏不諳熟故事馴以致然書之
記注爲不美耳

水衡都尉二事

龔遂爲渤海太守宣帝召之議曹王生願從遂

不忍逆及引入宮王生隨後呼曰天子即問君何以治渤海宜曰皆聖主之德非小臣之力也遂受其言上果問以治狀遂對如王生言天子悅其有讓笑曰君安得長者之言而稱之遂曰乃臣議曹教戒臣也上拜遂水衡都尉以王生爲丞予謂遂之治都功効著明宣帝不以爲賞而顧悅其佞詞乎宜其起王成膠東之僞也褚先生於史記中又載武帝時召北海太守有文學卒史王先生自請與太守俱太守入宮王先

生曰天子即問君何以治北海令無盜賊君對曰何哉守曰選擇賢材各任之以其能賞異等罰不肖王先生曰是自譽自伐功不可也願君對言非臣之力盡陛下神靈威武所變化也太守如其言武帝大笑曰安得長者之言而稱之安所受之對曰受之文學卒史於是以太守爲水衡都尉王先生爲丞二事不應相類如此疑即龔遂而褚誤書也

程嬰杵臼

春秋於魯成公八年書晉殺趙同趙括於十年書晉景公卒相去二年而史記乃有屠岸賈欲滅趙氏程嬰公孫杵臼共匿趙孤十五年景公復立趙氏之說以年世考之則自同括死後景公又卒厲公立八年而弑悼公立又五年矣其乖妄如是嬰杵臼之事乃戰國俠士刺客所爲春秋時風俗無此也元豐中吳處厚以皇嗣未立上書乞立二人廟訪求其墓優加封爵勑令河東路訪尋遺跡得其冢於絳州太平縣詔封

嬰爲成信侯杵臼爲忠智侯廟食於絳後又以爲韓厥存趙追封爲公三人皆以春秋祠於祚德廟且自晉景公至元豐千六百五十年矣古先聖帝明王之墓尚不可考區區二士豈復有兆域所在乎絳郡以朝命所訪姑指他丘壠爲之詞以塞責耳此事之必不然者也處厚之書進御即除將作丞狃於出位陳言以得寵禄遂有許蔡新州十詩之事所獲幾何貽笑無極哀哉

戰國自取亡

秦以關中之地日夜東獵六國百有餘年悉禽滅之雖云得地利善爲兵故百戰百勝以予考之實六國自有以致之也韓燕務小置不足論彼四國者魏以惠王而衰齊以閔王而衰楚以懷王而衰趙以孝成王而衰皆本於好兵貪地之故魏承文侯武侯之後表裏山河大於三晉諸侯莫能與之爭而惠王數伐韓趙志呑邯鄲挫敗於齊軍覆子死卒之爲秦所困國日以蹙

失河西七百里去安邑而都大梁數世不振訖於殄國閔王承威宣之後山東之建國莫强焉而狃於伐宋之利南侵楚西侵三晉欲并二周爲天子遂爲燕所屠雖賴田單之力得復亡城子孫沮氣孑孑自保終墮秦計束手爲虜懷王貪商於六百里受詐張儀失其名都喪其甲士不能取償身遭囚辱以死趙以上黨之地代韓受兵利令智昏輕用民死同日坑於長平者過四十萬幾於社稷爲墟幸不即亡終以不免此

四國之君苟爲保境睦鄰畏天自守秦雖强大豈能加我哉

臨敵易將

臨敵易將固兵家之所忌然事當審其是非當易而不易亦非也秦以白起易王齕而勝趙以王翦易李信而滅楚魏公子無忌易晉鄙而勝秦將豈不可易乎燕以騎劫易樂毅而敗趙以趙括易廉頗而敗以趙葱易李牧而滅魏使人代信陵君將亦滅將豈可易乎

司空表聖詩

東坡稱司空表聖詩文高雅有承平之遺風蓋嘗自列其詩之有得於文字之表者二十四韻恨當時不識其妙又云表聖論其詩以爲得味外味如緑樹連村暗黄花入麥稀此句最善又棋聲花院閉幡影石壇高吾嘗獨入白鶴觀松陰滿地不見一人惟聞棋聲然後知此句之工但恨其寒儉有僧態予讀表聖一鳴集有與李生論詩一書乃正坡公所言者其餘五言句云

人家寒食月花影午時天雨微吟足思花落夢無憀坡暖冬生笋松涼夏健人川明虹照雨樹密鳥衝人夜短猿悲減風和鵲喜靈鳥色經寒慘鷗聲帶晚饑客來當意慳花發遇歌成七言句云孤嶼池痕春漲滿小欄花韻午晴初五更惆悵迴孤枕由自殘燈照落花皆可稱也

漢丞相

漢丞相或終于位或免就國或免爲庶人或致仕或以罪死其復召用者但爲光禄大夫或特

進優游散秩未嘗有除他官者也御史大夫則間爲九卿將軍至東漢則大不然始於光武時王梁罷大司空而爲中郎將其後三公去位輒復爲大夫列卿如崔烈歷司徒太尉之後乃爲城門挍尉其體貌大臣之禮亦衰矣

冊禮不講

唐封拜后妃王公及贈官皆行冊禮文宗大和四年以裴度守司徒平章重事度上表辭冊命其言云臣此官已三度受冊有靦面目從之然

則唐世以爲常儀辭者蓋鮮唯國朝以此禮爲重自皇后太子之外雖王公之貴率一章乞免即此典禮益以不講良爲可惜

容齋隨筆卷第十

容齋隨筆卷第十一　十六則

將帥貪功

以功名爲心貪軍旅之寄此自將帥習氣雖古來賢卿大夫未有能知止自斂者也廉頗既老飯斗米肉十斤被甲上馬以示可用致困郭開之口終不得召漢武帝大擊匈奴李廣數自請行上以爲老不許良久乃許之卒有東道失軍之罪宣帝時先零羌反趙充國年七十餘上老之使丙吉問誰可將曰亡踰於老臣者矣即馳

至金城圖上方畧雖全師制勝而禍及其子卯
光武時五溪蠻夷畔馬援請行帝愍其老未許
援自請曰臣尚能被甲上馬帝令試之援據鞍
顧眄以示可用帝笑曰矍鑠哉是翁也遂用爲
將果有壺頭之厄李靖爲相以足疾就第會吐
谷渾寇邊即往見房喬曰吾雖老尚堪一行既
平其國而有高甑生誣罔之事幾於不免太宗
將伐遼召入謂曰高麗未服公亦有意乎對曰
今疾雖衰陛下誠不棄病且瘳矣帝憫其老不

許郭子儀年八十餘猶爲關内副元帥朔方河中節度不求退身竟爲德宗冊罷此諸公皆人傑也猶不免此況其下者乎

漢二帝治盜

漢武帝末年盜賊滋起大羣至數千人小羣以百數上使使者衣繡衣持節虎符發兵以興擊斬首大部或至萬餘級於是作沈命法曰羣盜起不發覺覺而弗捕滿品者二千石以下至小吏主者皆死其後小吏畏誅雖有盜弗敢發恐

不能得坐課累府府亦使不言故盜賊寖多上下相爲匿以避文法焉光武時羣盜處處並起遣使者下郡國聽羣盜自相糾擿五人共斬一人者除其罪吏雖逗留回避故縱者皆勿問聽以禽討爲効其牧守令長坐界内有盜賊而不收捕者及以畏愞捐城委守者皆不以爲負但取獲賊多少爲殿最唯蔽匿者乃罪之於是更相追捕賊並解散此二事均爲治盜而武帝之嚴不若光武之寬其効可睹也

漢唐封禪

漢光武建武三十年車駕東巡羣臣上言即位三十年宜封禪泰山詔曰即位三十年百姓怨氣滿腹吾誰欺欺天乎何事汙七十二代之編錄若郡縣遠遣吏上壽盛稱虛美必髡令屯田從此羣臣不敢復言後二年上齋夜讀河圖會昌符曰赤劉之九會命岱宗感此文乃詔梁松等按索河雒讖文言九世封禪事者遂奏三十六事於是求武帝元封故事以三月行封禪禮

唐太宗貞觀五年羣臣以四夷咸服表請封禪詔不許六年復請上曰卿輩皆以封禪爲帝王盛事朕意不然若天下乂安家給人足雖不封禪庸何傷乎昔秦始皇封禪而漢文帝不封禪後世豈以文帝之賢不及始皇邪且事天掃地而祭何必登泰山之顛封數尺之土然後可以展其誠敬乎巳而欲從其請魏鄭公獨以爲不可發六難以爭之至以謂崇虛名而受實害會河南北大水遂寢十年復使房喬裁定其禮將

以十六年二月有事于泰山會星孛太微而罷
予謂二帝皆不世出盛德之主灼知封禪之非
形諸詔告可謂著明然不能幾時自爲翻覆光
武惑於讖記太宗好大喜名以今觀之蓋所以
累善政耳

漢封禪記

應劭漢官儀載馬第伯封禪儀記正紀建武東
封事每稱天子爲國家其敘山勢峭嶮登陟勞
困之狀極工予喜誦之其略云是朝上山騎行

往往道峻峭下騎步牽馬乍步乍騎且相半至
中觀留馬仰望天闕如從谷底仰觀抗峯其爲
高也如視浮雲其峻也石壁窅篠如無道徑遥
望其人端如行杇兀或爲白石或雪久之白者
移過樹乃知是人也殊不可上四布偃卧石上
亦賴齎酒脯處處有泉水復勉强相將行到天
闕自以巳至也問道中人言尚十餘里其道旁
山脅仰視巖石松樹鬱鬱蒼蒼若在雲中俛視
谿谷碌碌不可見丈尺直上七里賴其羊腸逶

遥名曰環道往往有絙索可得而登也兩從者
扶挾前人相牽後人見前人履底前人見後人
頂如畫初上此道行十餘步一休稍疲咽脣燋
五六步一休牒牒據頓地不避暗濕前有燥地
目視而兩脚不隨又云封畢詔百官以次下國
家隨後道迫小步從匍匐邪上起近炬火止亦
駱驛步從觸擊大石石聲正讙但讙石無相應
和者腸不能已口不能默明日太醫令問起居
國家云昨上下山欲行迫前人欲休則後人所

蹈道峻危險國家不勞又云東山名曰日觀雞
一鳴時見日始欲出長三丈所秦觀者望見長
安吳觀者望見會稽周觀者望見齊凡記文之
工悉如此而未嘗見稱於昔賢秦吳周三觀亦
無曾用之者今應劭書𦙍畧唯劉昭補注東漢
志僅有之亦非全篇也

楊虞卿

劉禹錫有寄毘陵楊給事詩云曾主魚書輕刺
史今朝自請左魚來青雲直上無多地却要斜

飛取勢回以其時考之蓋楊虞卿也按唐文宗
大和七年以李德裕爲相與之論朋黨事時給
事中楊虞卿蕭澣中書舍人張元夫依附權要
上干執政下撓有司上聞而惡之於是出虞卿
爲常州刺史澣爲鄭州刺史元夫爲汝州刺史
皆李宗閔客也他日上復言及朋黨宗閔曰臣
素知之故虞卿輩臣皆不與美官德裕曰給事
中中書舍人非美官而何宗閔失色然則虞卿
之刺毘陵乃爲朝廷所逐耳禹錫猶以爲自請

詩人之言渠可信哉

屯蒙二卦

屯蒙二卦皆二陽而四陰屯以六二乘初九之剛蒙以六三乘九二之剛而屯之爻曰女子貞不字十年乃字蒙之爻曰勿用取女見金夫不有躬其正邪不同如此者蓋屯二居中得正不爲初剛所誘而上從九五所以爲貞蒙三不中不正見九二之陽恍而下從之而舍上九之正應所以勿用士之守身居世而擇所從所處尚

監玆哉

漢誹謗法

漢宣帝詔羣臣議武帝廟樂夏侯勝曰武帝竭民財力奢泰亡度天下虛耗百姓流離赤地數千里亡德澤於民不宜爲立廟樂於是丞相御史劾奏勝非議詔書毀先帝不道遂下獄繫再更冬會赦乃得免章帝時孔僖崔駰遊太學相與論武帝始爲天子崇信聖道及後恣己忘其前善爲鄰房生告其誹謗先帝刺譏當世下吏

受訊僖以書自訟乃勿問元帝時賈捐之論珠厓事曰武帝籍兵厲馬攘服夷狄天下斷獄萬數寇賊並起軍旅數發父戰死於前子鬬傷於後女子乘亭障孤兒號於道老母寡婦飲泣巷哭是皆廓地泰大征伐不休之故也考三人所指武帝之失捐之言最切而三帝或罪或否豈非夏侯非議詔書僖駰誹謗皆漢法所禁如捐之直指其事則在所不問乎

誼向觸諱

賈誼上疏文帝曰生爲明帝没爲明神使顧成之廟稱爲太宗上配太祖與漢亡極雖有愚幼不肖之嗣猶得蒙業而安植遺腹朝委裘而天下不亂又云萬年之後傳之老母弱子此既於生時談死事至云傳之老母則是言其當終於太后之前又目其嗣爲愚幼不肖可謂指斥而帝不以爲過誼不以爲疑劉向上書成帝諫王氏事曰王氏與劉氏且不並立陛下爲人子孫守持宗廟而令國祚移於外親降爲阜隸縱不

爲身柰宗廟何又云天命所受者博非獨一姓
此乃於國存時說亡語而帝不以爲過向不以
爲疑至乞援近宗室幾於自售亦不以爲嫌也
兩人皆出於忠精至誠故盡言觸忌諱而不自
覺文帝以寬待下聖德固爾而成帝亦能容之
後世難及也

小貞大貞

人君居尊位倒持大阿政令有所不行德澤有
所不下身爲寄坐受人指麾危亡之形且立至

矣故易有屯其膏小貞吉大貞凶之戒謂當以漸而正之說者多引魯昭公高貴鄉公爲比予謂此自係一時國家之隆替君身之禍福蓋有剛決而得志隱忍而危亡者不可一槩論也漢宣帝之誅霍禹和帝之誅竇憲威宗之誅梁冀魏孝莊之誅爾朱榮剛決而得志者也魯昭公之討季氏齊簡公之謀田常高貴鄉公之討司馬昭晉元帝之征王敦唐文宗之謀宦者潞王之從石敬瑭漢隱帝之殺郭威剛決而失者也

若齊欝林王知鸞之異志欲取之而不能漢獻
帝知曹操之不臣欲圖之而不果唐昭宗知朱
温之必篡欲殺之而不克皆𥘉以及亡雖欲小
正之豈可得也

唐詩戲語

士人於棋酒閒好稱引戲語以助譚笑大抵皆
唐人詩後生多不知所從出漫識所記憶者於
此公道世閒惟白髮貴人頭上不曾饒杜牧送
隱者詩也因過竹院逢僧話又得浮生半日閒

李涉詩也只恐爲僧僧不了爲僧得了盡輸僧
啼得血流無用處不如緘口過殘春杜荀鶴詩
也數聲風笛離亭晚君向瀟湘我向秦鄭谷詩
也今朝有酒今朝醉明日愁來明日愁勸君不
用分明語語得分明出轉難自家飛絮猶無定
爭解垂絲絆路人明年更有新條在撓亂春風
卒未休采得百花成蜜後不知辛苦爲誰甜羅
隱詩也高駢在西川築城禦蠻朝廷疑之徙鎮
荊南作聽箏詩以見意曰昨夜箏聲響碧空宮

商信任往來風依稀似曲才堪聽又被吹將別調中令人亦好刋此句也

何進高叡

東漢末何進將誅宦官白皇太后悉罷中常侍小黃門使還里舍張讓子婦太后之妹也讓向子婦叩頭曰老臣得罪當與新婦俱歸私門唯受恩累世今當遠離宮殿願復一入直得暫奉望太后顏色死不恨矣子婦爲言之乃詔諸常侍皆復入直不數日進乃爲讓所殺董卓隨以

兵至讓等雖死漢室亦亡北齊和士開在武成帝世姦蠹敗國及後主嗣立宰相高叡與婁定遠白胡太后出士開爲兗州刺史后欲留士開過百日叡守之以死苦言之士開載美女珠簾賂定遠曰蒙王力用爲方伯今當遠出願得一辭覲二宮定遠許之士開由是得見太后及帝進說曰臣出之後必有大變今已得入復何所慮於是出定遠爲青州而殺叡後二年士開雖死齊室亦亡嗚呼姦倖之難去久矣何進高叡

不惜隕身破家爲漢齊社稷計而張讓士開以談笑一言變如反掌忠良受禍宗廟爲墟乃知背膂瘭疽決之不可不速虎狼在穽養之則自貽害可不戒哉

南鄉掾史

金石刻有晉南鄉太守司馬整碑其陰刻掾史以下姓名合三百五十一議曹祭酒十一人掾二十九人諸曹掾史書佐循行幹百三十一人從掾位者九十六人從史位者三十一人部曲

督將三十六人其冗如此以晉史考之南鄉本南陽西界魏武平荆州始分爲郡至晉泰始中所管八縣才二萬戶耳而掾史若是之多掾史旣然吏士又可知矣民力安得不困哉整乃宗室安平王孚之孫也

漢景帝忍殺

漢景帝恭儉愛民上繼文帝故亦稱爲賢君考其天資則刻戾忍殺之人耳自在東宮時因博戲殺吳太子以起老濞之怨即位之後不思罪

已一旦於三郡中而削其二以速兵端正信用鼂錯付以國事及爰盎之說行但請斬錯而已帝令有司劾錯以大逆遂父母妻子同產皆棄市七國之役下詔以深入多殺爲功比三百石以上皆殺無有所置敢有議詔及不如詔者皆要斬周亞夫以功爲丞相坐爭封匈奴降將事病免心惡之賜食不置箸叱之使起昧於敬禮大臣之義卒以非罪置之死悲哉光武遣馮異征赤眉敕之曰征伐非必畧地屠城要在平定

安集之耳諸將非不健鬭然好虜掠卿本能御
吏士念自修勑無爲郡縣所苦光武此言視景
帝詔書爲不侔矣

燕昭漢光武之明

樂毅爲燕破齊或讒之昭王曰齊不下者兩城
耳非其力不能拔欲久仗兵威以服齊人南面
而王耳昭王斬言者遣使立毅爲齊王毅惶恐
不受以死自誓馮異定關中自以久在外不自
安人有章言異威權至重百姓歸心號爲咸陽

王光武以章示異異上書謝詔報曰將軍之於
國家恩猶父子何嫌何疑而有懼意及異破隗
囂諸將欲分其功璽書誚大司馬以下稱異功
若丘山今人咸知毅異之爲名將然非二君之
明必困讒口矣田單復齊國信陵君敗秦兵陳
湯誅郅支盧植破黃巾鄧艾平蜀王濬平吳謝
安禦苻堅慕容垂挫桓温史萬歲破突厥李靖
滅吐谷渾郭子儀李光弼中興唐室李晟復京
師皆有大功於社稷率爲譖人所惎或至殺身

區區庸主不足責唐太宗亦未能免營營青蠅亦可畏哉

周南召南

毛詩序曰關雎麟趾之化王者之風故繫之周公南言化自北而南也鵲巢騶虞之德諸侯之風也先王之所以教故繫之召公周南召南正始之道據文義周公召公二公字皆合爲南字則與上下文相應蓋簡策誤耳王者之風恐不當繫之周公而先王之所以教又與召公自不

相涉也

易中爻

易繫辭云雜物撰德辨是與非則非其中爻不備中爻者謂二三四及三四五也如坤坎爲師而六五之爻曰長子帥師以正應九二而言葢指二至四爲震也坤艮爲謙而初六之爻曰用涉大川葢自是而上則六二九三六四爲坎也歸妹之六五曰帝乙歸妹以下配九二而言葢指震也而泰之六五亦曰帝乙歸妹固亦下配

九二而九三六四六五蓋震體云他皆類此

容齋隨筆卷第十二 十八則

利涉大川

易卦辭稱利涉大川者七不利涉者一爻辭稱利涉者二用涉者一不可涉者一需訟未濟指坎體而言益中孚指巽體而言渙指坎巽而言蓋坎爲水有大川之象而巽爲木木可爲舟楫以濟川故益之彖曰木道乃行中孚之彖曰乘木舟虛渙之彖曰乘木有功又舟楫之利實取諸渙正合二體以取象也謙蠱則中爻有坎同

人大畜則中爻有巽順之反對大過方有巽體五去之遠所以言不可涉上則變而之對卦故利涉云

光武棄馮衍

漢室中興固皆光武之功然更始既即天子位光武受其爵秩北面爲臣矣及平王郎定河北詔令罷兵辭不受召於是始貳焉更始方困於赤眉而光武殺其將謝躬苗曾取洛陽下河東翻爲腹心之疾後世以成敗論人故不復議子

謂光武知更始不材必敗大業逆取順守尚爲有辭彼鮑永馮衍始堅守并州不肯降下聞更始已亡乃罷兵來歸曰誠慙以其衆幸富貴其忠義之節凜然可稱光武不能顯而用之聞其言而不悅永後以他立功見用而衍終身擯斥羣臣亦無爲之言者吁可歎哉

恭顯議蕭望之

弘恭石顯議置蕭望之於牢獄漢元帝知其不肯就吏而訖可其奏望之果自殺帝召顯等責

問以議不詳皆免冠謝乃已王氏五侯奢僭成帝内銜之一旦赫怒詔尚書奏誅薄昭故事然特欲恐之實無意誅也竇憲恃宮掖聲勢奪公主園章帝切責有孤雛腐鼠之比然竟不繩其罪三君之失政前史固深譏之矣司馬公謂元帝始疑望之不肯就獄恭顯以爲必無憂其欺既明終不能治可謂易欺而難寤也予謂師傅大臣進退罪否人主當決之於心何爲謀及宦者且望之先時已嘗下廷尉矣使其甘於再辱

忍恥對吏將遂以恭顯之議爲是耶望之死與不死不必論也成帝委政外家先漢顛覆章帝仁柔無斷後漢遂衰皆無足責

鼂錯張湯

鼂錯爲内史言事輒聽幸傾九卿及爲御史大夫權任出丞相右張湯爲御史每朝奏事國家用日旰丞相取充位天下事皆決湯蕭望之爲御史意輕丞相遇之無禮三人者賢否雖不同然均爲非誼各以他事至死抑有以致之邪

逸詩書

逸書逸詩雖篇名或存旣亡其辭則其義不復可考而孔安國注尚書杜預注左傳必欲強爲之說書汨作注云言其治民之功咎單作明居注云咎單主土地之官作明居民法左傳國子賦轡之柔矣注云義取寬政以安諸侯若柔轡之御剛馬如此之類予頃教授福州日林之奇少穎爲書學諭講帝釐下土數語曰知之爲知之堯典舜典之所以可言也不知爲不知九共

槀飫畧之可也其説最純明可嘉林君有書解
行於世而不載此語故爲表出之
刑罰四卦
易六十四卦而以刑罰之事著於大象者凡四
焉噬嗑曰先王以明罰勑法豐曰君子以折獄
致刑賁曰君子以明庶政無敢折獄旅曰君子
以明愼用刑而不留獄噬嗑旅上卦爲離豐賁
下卦爲離離明也聖人知刑獄爲人司命故設
卦觀象必以文明爲主而後世付之文法俗吏

何邪

巽爲魚

易卦所言魚皆指巽也姤卦巽下乾上故九二有魚九四無魚井内卦爲巽故二有射鮒之象中孚外卦爲巽故曰豚魚吉剥卦五陰而一陽方一陰自下生變乾爲姤其下三爻乃巽體也二陰生而爲遯則六二九三九四乃巽體三陰生而爲否則六三九四九五乃巽體四陰生而爲觀則上三爻乃巽體至五陰爲剥則巽始亡

故六五之爻辭曰貫魚蓋指下四爻皆從巽來如魚騈頭而貫也或曰説卦不言巽爲魚今何以知之曰以類而知之説卦所不該者多矣如長子長女中女少女見於震巽離兑中而坎艮之下不言爲中男爲少男之類他可推也

三省長官

中書尚書令在西漢時爲少府官屬與太官湯官上林諸令品秩畧等侍中但爲加官在東漢亦屬少府而秩稍增尚書令爲千石然銅印墨

綬雖居幾要而去公卿甚遠至或出爲縣令魏晉以來浸以華重唐初遂爲三省長官居眞宰相之任猶列三品大曆中乃升正二品入國朝其位益尊敘班至在太師之上然只以爲親王及使相兼官無單拜者見任宰相帶侍中者才五人范魯公質趙韓王普丁晉公謂馮魏公拯韓魏王琦尚書令又最貴除宗王外不以假人趙韓王韓魏王始贈眞令韓公官止司徒及贈尚書令乃詔自今更不加贈蓋不欲以三師之

官贊其稱也政和初蔡京改侍中中書令爲左輔右弼而不置尚書令以爲太宗皇帝曾任此官殊不知乃唐之太宗爲之故郭子儀不敢拜非本朝也

王珪李靖

杜子美送重表姪王評事詩云我之曾老姑爾之高祖母爾祖未顯時歸爲尚書婦隋朝大業末房杜俱交友長者來在門荒年自餬口家貧無供給客位但箕帚俄頃羞頗珍寂寞人散後

云上云天下亂宜與英俊厚向竊窺數公經綸亦俱有次問最少年虬髯十八九子等成大名皆因此人手下云風雲合龍虎一吟吼願展丈夫雄得辭兒女醜秦王時在坐眞與氣驚戸牖及乎正觀初尚書踐台斗夫人常肩輿上殿稱萬壽至尊均嫂叔盛事垂不朽觀此詩疑指王珪珪相唐太宗贈禮部尚書然細考其事大不與史合蔡絛詩話引唐書列女傳云珪母盧氏識房杜必貴質之此詩則珪母乃杜氏也桐江

詩話云不特不姓盧乃珪之妻非母也予按唐列女傳元無此事珪傳末只云始隱居時與房玄齡杜如晦善二人過其家母李窺之知其必貴蔡說安云有傳又誤以李爲盧皆不足辨但唐高祖在位日太子建成與秦王不睦以權相傾珪爲太子中允說建成曰秦王功蓋天下中外歸心殿下但以長年位居東宮無大功以鎮服海内今劉黑闥散亡之餘宜自擊之以取功名建成乃請行其後楊文幹之事起高祖責以

兄弟不睦歸罪珪等而流之太宗即位乃召還任用之宴近臣於丹霄殿長孫無忌曰王珪魏徵昔爲仇讐不謂今日得同此宴上曰珪徵盡心所事我故用之然則珪與太宗非素交明矣唐書載李氏事亦采之小說恐未必然而杜公稱其祖姑事不應不實且太宗時宰相別無姓王者眞不可曉也又有杜光庭虬鬚客傳云隋煬帝幸江都命楊素留守西京李靖以布衣往謁竊其一妓道遇異人與俱至太原因劉文

靜以見州將之子言其眞英主傾家資與靖使助創業之舉即太宗也按史載唐公擊突厥靖察有非常志自囚上急變後高祖定京師將斬之而止必無先識太宗之事且煬帝在江都時楊素死巳十餘年矣此一傳大抵皆妄云

虎夔藩

黃魯直宿舒州太湖觀音院詩云汲烹寒泉窟伐燭古松根相戒莫浪出月黒虎夔藩夔字甚新其意蓋言抵觸之義而莫究所出惟杜工部

本集作為

課伐木詩序云課隷人入谷斬陰木晨征暮返我有藩籬是闕是補旅次于小安山有虎知禁若恃爪牙之利必昏黑撐突夔人屋壁列樹白桃鏝焉牆實以竹示式遏爲與虎近混淪乎無良賓客其詩句有云藉汝跨小籬乳獸待人肉虎穴連里閭父客懼所觸乃知魯直用此序中語然杜公在夔府所作詩所謂夔人者述其土俗耳本無抵觸之義魯直蓋誤用之又寺齋睡起絶句云八言九事八爲律儻有江船吾欲東

按主父偃傳上書言九事其八事爲律令一事諫伐匈奴謂八事爲律令而言則爲字當作去聲讀令魯直似以爲平聲恐亦誤也

曹操用人

曹操爲漢鬼蜮君子所不道然知人善任使實後世之所難及荀彧荀攸郭嘉皆腹心謀臣共濟大事無待贊說其餘智效一官權分一郡無小無大卓然皆稱其職恐關中諸將爲害則屬司隸挍尉鍾繇以西事而馬騰韓遂遣子入侍

當天下亂離諸軍乏食則以棗祗任峻建立屯田而軍國饒裕遂芟羣雄欲復鹽官之利則使衛覬鎮撫關中而諸將服河東未定以杜畿爲太守而衛固范先束手禽戮并州初平以梁習爲刺史而邊境肅清揚州陷於孫權獨有九江一郡付之劉馥而恩化大行馮翊困於鄜盜付之鄭渾而民安寇滅代郡三單于恃力驕恣裴潛單車之郡而單于讋服方得漢中命杜襲督留事而百姓自樂出徙於洛鄴者至八萬口方

得馬超之兵聞當發徙驚駭欲變命趙儼爲護軍而相率還降致於東方者亦二萬口凡此十者其爲利豈不大哉張遼走孫權於合肥郭淮拒蜀軍於陽平徐晃却關羽於樊皆以少制衆分方面憂操無敵於建安之時非幸也

漢士擇所從

漢自中平黃巾之亂天下震擾士大夫莫不擇所從以爲全身遠害之計然非豪傑不能也荀彧少時以潁川四戰之地勸父老亟避之鄉人

多懷土不能去或獨率宗族往冀州袁紹待以
上賓之禮或度紹終不能定大業去而從曹操
其鄉人留者多爲賊所殺袁紹遣使迎汝南士
大夫和洽獨往荆州劉表以上客待之洽曰所
以不從本初避爭地也昏世之主不可黷近久
而不去讒慝將興遂南之武陵其留者多爲表
所害曹操牧兖州陳留太守張邈與之親友郡
士高柔獨以爲邈必乘閒爲變率鄉人欲避之
衆皆以曹張相親不然其言柔舉家適河北邈

果叛操郭嘉初見袁紹謂其謀臣辛評等曰智者審於量主袁公多端寡要好謀無決難與共濟大難吾將更舉以求主子盍去乎評等曰袁氏今最强去將何之嘉不復言遂去依曹操操召見與論天下事出曰眞吾主也杜襲趙儼繁欽避亂荆州欽數見奇於表襲曰所以俱來者欲全身以待時耳子若見能不已非吾徒也及天子都許儼曰曹鎮東必能濟華夏吾知歸矣遂詣操河閒邢顒在無終聞操定冀州謂田疇

曰聞曹公法令嚴民厭亂矣亂極則平請以身先遂裝還鄉里疇曰顯天民之先覺者也孫策定丹陽呂範請暫領都督策曰子衡已有大衆豈宜復屈小職範曰今捨本土而託將軍者欲濟世務也譬猶同舟涉海一事不牢即俱受其敗此亦範計非但將軍也策從之周瑜聞策聲問便推結分好及策卒權立瑜謂權可與共成大業遂委心服事焉諸葛亮在襄陽劉表不能起一見劉備事之不疑此諸人識見如是安得

困於亂世哉

劉公榮

王戎詣阮籍時兖州刺史劉昶字公榮在坐阮謂王曰偶有二斗美酒當與君共飲彼公榮者無預焉二人交觴酬酢公榮遂不得一杯而言語談戲三人無異或有問之者阮曰勝公榮者不得不與飲酒不如公榮者不可不與飲酒唯公榮可不與飲酒此事見戎傳而世説爲詳又一事云公榮與人飲酒雜穢非類人或譏之答

曰勝公榮者不可不與飲不如公榮者亦不可不與飲是公榮輩者又不可不與飲故終日共飲而醉二者稍不同公榮待客如是費酒多矣顧不蒙一杯於人乎東坡詩云未許低頭拜東野徒言共飲勝公榮蓋用前事也

元豐官制

元豐官制初成欲以司馬公爲御史大夫又將俟建儲時以公及吕申公爲保傅元祐初起文潞公於旣老議處以侍中中書令爲言者所攻

乃改平章軍國重事自後習以爲制不復除此等官以謂前無故事其實不然也紹興二十五年中批右正言張扶除太常卿執政言自來太常不置卿遂改宗正復言之乃以爲國子祭酒近歲除莫濟秘書監濟辭避累日然後就職已而李燾陳騤鄭丙皆爲之均曰職事官何不可除之有

耳餘袁劉

張耳陳餘少時爲刎頸交其後爭權相與致死

地而不厭蓋勢利之極其究必然韓馥舉冀州以迎袁紹而終以懼死劉璋開門延劉備坐失益州翟讓提兵授李密而舉族不免爾朱兆以六鎮之衆付高歡而卒斃於歡手紹密歡忘其所自不足深責孰謂玄德之長者而忍爲此邪

周漢存國

周之初諸侯千八百國至王赧之亡所存者才八國耳七戰國與衞也然趙韓魏分晉而立齊田氏代姜而興其有土各不及二百年俱非舊

邦秦始皇乃呂氏子楚幽王乃黃氏子所謂嬴
芊之先當不歆非類然則惟燕衞二姬姓存而
衞至胡亥世乃絕若以爲召公康叔之德則周
公豈不及乎漢列侯八百餘人及光武而存者
平陽建平富平三侯耳建平以先降梁王永奪
國平陽爲曹參之後富平爲張安世之後參猶
有創業之功若安世則湯子也史稱其推賢揚
善固宜有後然輕重其心殺人亦多矣獨無餘
殃乎漢侯之在王莽朝皆不奪國光武乃但許

宗室復故餘皆除之雖鄴侯亦不紹封不知曹張兩侯何以能獨全也

曹操殺楊脩

曹操殺楊脩之後見其父彪問曰公何瘦之甚對曰愧無日磾先見之明猶懷老牛舐犢之愛操爲之改容古文苑載操與彪書數脩之罪以爲恃豪父之勢每不與吾同懷將延足下尊門大累便令刑之且贈彪錦裘二領八節角桃杖一枝青牸牛二頭八百里驊騮馬一匹四望通

幰七香車一乘驅使二人又遺其妻裘鞾有心青衣二人錢絹甚厚卞夫人亦與袁夫人書云賢郎有蓋世文才闔門欽敬明公性急輒行軍法以衣服文絹房子官錦香車送之彪及袁夫人皆答書引愆致謝是時漢室將亡政在曹氏袁公四世宰相爲漢宗臣固操之所忌彪之不死其手幸矣嗚呼危哉

古人重國體

古人爲邦以國體爲急初無小大強弱之異也

其所以自待及以之待人亦莫不然故執言脩
辭非賢大夫不能盡楚申舟不假道於宋而聘
齊宋華元止之曰過我而不假道鄙我也鄙我
亡也殺其使者必伐我伐我亦亡也亡一也乃
殺之及楚子圍宋既急猶曰城下之盟有以國
斃不能從也鄭三卿爲盜所殺餘盜在宋鄭人
納賂以請之師慧曰以千乘之相易淫樂之矇
宋無人焉故也子罕聞之固請而歸其賂晉韓
宣子有環在鄭商謁諸鄭伯子產弗與曰大國

之求無禮以斥之何饜之有吾且爲鄙邑則失
位矣若大國令而共無藝鄭鄙邑也亦弗爲也
晉合諸侯于平丘子產爭貢賦之次子大叔咎
之子產曰國不競亦陵何國之爲鄭駟偃娶于
晉偃卒鄭人舍其子而立其弟晉人來問子產
對客曰若寡君之二三臣其即世者晉大夫而
專制其位是晉之縣鄙也何國之爲楚因鄭印
堇父獻于秦鄭以貨請之子產曰不獲受楚之
功而取貨于鄭不可謂國秦不其然若曰鄭國

微君之惠楚師其猶在敝邑之城下弗從秦人不予更幣從子產而後獲之讀此數事知春秋列國各數百年其必有道矣

容齋隨筆卷第十二

容齋隨筆卷第十三　十八則

諫說之難

韓非作說難而死於說難蓋諫說之難自古以然至於知其所欲說迎而拒之然卒至於言聽而計行者又爲難而可喜者也秦穆公執晉侯晉陰飴甥往會盟其爲晉游說無可疑者秦伯曰晉國和乎對曰不和小人曰必報讎君子曰必報德秦伯曰國謂君何曰小人謂之不免君子以爲必歸以德爲怨秦不其然秦遂歸晉侯

秦伐趙趙求救於齊齊欲長安君爲質太后不
肯曰復言者老婦必唾其面左師觸龍願見后
盛氣而胥之入知其必用此事來也左師徐坐
問后體所苦繼乞以少子補黑衣之缺后曰丈
夫亦愛憐少子乎曰甚於婦人然後及其女燕
后乃極論趙王三世之子孫無功而爲侯者禍
及其身后旣寤則言長安君何以自託於趙於
是后曰恣君之所使長安遂出質范雎見踈於
秦蔡澤入秦使人宣言感怒雎曰燕客蔡澤天

下辯士也彼一見秦王必奪君位睢曰百家之説吾既知之衆口之辯吾皆摧之是惡能奪我位乎使人召澤謂之曰子宣言欲代我相有之乎對曰然即引商君吳起大夫種之事睢知澤欲困巳以説謬曰殺身成名何爲不可澤以身名俱全之説誘之極之以閎夭周公之忠聖今秦王不倍功臣不若秦孝公楚越王睢之功不若三子勸其歸相印以讓賢睢竦然失其宿怒志其故辯敬受命延入爲上客卒之代爲秦相

者澤也秦始皇遷其母下令曰敢以太后事諫者殺之死者二十七人矣茅焦請諫王召鑊將亨之焦數以桀紂狂悖之行言未絕口王母子如初呂甥之言出於義左師之計伸於愛蔡澤之說激於理若茅焦者眞所謂劘虎牙者矣范雎親困穰侯而奪其位何遽不如澤哉彼此一時也

韓馥劉璋

韓馥以冀州迎袁紹其僚耿武閔純李歷趙浮

程渙等諫止之馥不聽紹既至數人皆見殺劉
璋迎劉備主簿黃權王累名將楊懷高沛止之
璋逐權不納其言二將後爲備所殺王濬受石
勒之詐督護孫緯及將佐皆欲拒勒濬怒欲斬
之果爲勒所殺武純懷沛諸人謂之忠於所事
可矣若云擇君則未也嗚呼生於亂世至死不
變可不謂賢矣乎

蕭房知人

漢祖至南鄭韓信亡去蕭何自追之上罵曰諸

將亡者以十數公無所追追信詐也何曰諸將
易得至如信國士亡雙必欲爭天下非信無可
與計事者乃拜信大將遂成漢業唐太宗爲秦
王時府屬多外遷王患之房喬曰去者雖多不
足吝杜如晦王佐才也王必欲經營四方捨如
晦無共功者乃表留幕府遂爲名相二人之去
留係與替治亂如此蕭房之知人所以爲莫及
也樊噲從高祖起豐沛勸霸上之還解鴻門之
厄功亦不細矣而韓信羞與爲伍唐儉贊太宗

建大策發蒲津之謀定突厥之計非庸臣也向李靖以爲不足惜蓋以信靖而視噲儈猶熊羆之與貍狌耳帝王之功非一士之畧必待將如韓信相如杜公而後用之不亦難乎惟能寘蕭房於帷幄中拔茅彙進則珠玉無脛而至矣

俞似詩

英州之北三十里有金山寺予嘗至其處見法堂後壁題兩絶句僧云廣州鈐轄俞似之妻趙夫人所書詩句灑落不凡而字畫徑四寸遒健

類薛稷極可喜數年後又過之僧空無人壁亦隳圮猶能追憶其語爲紀於此其一云莫遣韝鷹飽一呼將軍誰志滅匈奴年來萬事灰人意只有看山眼不枯其二云轉食膠膠擾擾閒林泉高步未容攀興來尚有平生履管領東南到處山蓋似所作也

吳激小詞

先公在燕山赴北人張揔侍御家集出侍兒佐酒中有一人意狀摧抑可憐叩其故乃宣和殿

小宮姬也坐客翰林直學士吳激賦長短句紀
之聞者揮涕其詞曰南朝千古傷心地還唱後
庭花舊時王謝堂前燕子飛向誰家恍然相遇
仙姿勝雪宮鬢堆鴉江州司馬青衫濕淚同是
天涯激字彥高米元章壻也

君子爲國

傳曰不有君子其能國乎古之爲國言辭抑揚
率以有人無人占輕重晉以詐取士會於秦繞
朝曰子無謂秦無人吾謀適不用也楚子反曰

以區區之宋猶有不欺人之臣可以楚而無乎宋受鄭賂鄭師慧曰宋必無人魯盟臧紇之罪紇曰國有人焉賈誼論匈奴之嫚侮曰倒懸如此莫之能解猶謂國有人乎後之人不能及此然知敵之不可犯猶曰彼有人焉未可圖也一士重於九鼎豈不信然

兌爲羊

兌爲羊易之稱羊者凡三卦夬之九四曰牽羊悔亡歸妹之上六曰士刲羊無血皆兌也大壯

内外卦爲震與乾而三爻皆稱羊者自復之一陽推而上之至二爲臨則兑體已見故九三曰羝羊觸藩羸其角言三陽爲泰而消兑也自是而陽上進至于乾而後巳六五喪羊于易謂九三九四六五爲兑也上六復觸藩不能退盖陽方夬決豈容上兑儼然乎九四中爻亦本兑而云不羸者賴震陽之壯耳

晏子揚雄

齊莊公之難晏子不死不亡而曰君爲社稷死

則死之爲社稷亡則亡之若爲己死而爲己亡非其私暱誰敢任之及崔杼慶封盟國人曰所不與崔慶者晏子歎曰嬰所不唯忠於君利社稷者是與有如上帝晏子此意正與豫子所言衆人遇我之義同特不以身殉莊公耳至於毅然據正以社稷爲辭非豫子可比也揚雄仕漢親蹈王莽之變退託其身於列大夫中不與高位者同其死抱道沒齒與晏子同科世儒或以劇秦美新貶之是不然此雄不得已而作也夫

誦述新莽之德止能美於暴秦其深意固可知矣序所言配五帝冠三王開闢以來未之聞直以戲莽爾使雄善爲諛佞撰符命稱功德以邀爵位當與國師公同列豈固窮如是哉

一以貫之

一以貫之之語聖賢心學也夫子以告曾子子貢而學者猶以爲不同尹彦明曰子貢之於學不及曾子也如此孔子於曾子不待其問而告之曾子復深諭之曰唯至於子貢則不足以知

之矣故先發多學而識之之問果不能知之以
爲然也又復疑其不然而請焉方告之曰予一
以貫之雖聞其言猶不能如曾子之唯也范淳
父亦曰先攻子貢之失而後語以至要予竊以
爲二子皆孔門高第也其聞言而唯與夫聞而
不復問皆已默識於言意之表矣世儒所以卑
子貢者爲其先然多學而識之之旨也是殆不
然方聞聖言如是遽應曰否非弟子所以敬師
之道也故對曰然而即繼以非與之問豈爲不

能知乎或者至以爲孔子擇而告參賜蓋非餘人所得聞是又不然顏氏之子冉氏之孫豈不足以語此乎曾子於一唯之後適門人有問故發其忠恕之言使子貢是時亦有從而問者其必有以詔之矣

裴潛陸俟

曹操以裴潛爲代郡太守服烏丸三單于之亂後召潛還美其治代之功潛曰潛於百姓雖寬於諸胡爲峻今繼者必以潛爲治過嚴而事加

寬惠彼素驕恣過寬必弛既弛又將攝之以法此怨叛所由生也以埶料之代必復叛於是操深悔還遣潛之速後數十日單于反問果至元魏以陸俟為懷荒鎮將高車諸莫弗訟俟嚴急無恩復請前鎮將郎孤魏使孤代俟俟既至言曰不過期年郎孤必敗高車必叛世祖切責之明年諸莫弗果殺孤而叛帝召俟問曰何以知其然俟曰高車不知上下之禮故臣制之以法使知分限而諸莫弗訟臣無恩稱孤之美孤獲還

鎮悅其稱譽專用寬恕待之無禮之人易生驕慢抓必將復以法裁之衆心怨懟必生禍亂矣帝然之裴潛陸俟可謂知爲治之道矣鄭子産戒子大叔曰惟有德者能以寬服人其次莫如猛大叔不忍猛而寬是以致萑苻之盜故孔子有寬猛相濟之說烏丸高車不知禮法裴陸先之以威使其久而服化必漸施之以寬政矣後之人讀紙上語專以鷹擊毛摯爲治而不思救弊之術無問華夷吾見其敗也

援亡爲存

燕樂毅伐齊下七十餘城所存者唯莒即墨兩城耳賴田單之力齊復爲齊尺寸之土無所失曹操牧兖州州叛迎吕布郡縣八十城皆應之唯鄄城范東阿不動賴荀彧程昱之力卒全三城以待操州境復安古之人援亡爲存轉禍爲福如此多矣靖康建炎間國家不競秦魏齊韓之地名都大邑數百覲而爲戎越五十年矣以今準古豈曰無人乎哉

孫吳四英將

孫吳奄有江左亢衡中州固本於策權之雄略然一時英傑如周瑜魯肅呂蒙陸遜四人者眞所謂社稷心膂與國爲存亡之臣也自古將帥未嘗不矜能自賢疾勝己者此諸賢則不然孫權初掌事肅欲北還瑜止之而薦之於權曰肅才宜佐時當廣求其比以成功業後瑜臨終與權牋曰魯肅忠烈臨事不苟若以代瑜死不朽矣肅遂代瑜典兵呂蒙爲尋陽令肅見之曰卿

今者才略非復吳下阿蒙遂拜蒙母結友而別蒙遂亦代肅蒙在陸口稱疾還權問誰可代者蒙曰陸遜意思深長才堪負重觀其規慮終可大任無復是過也遜遂代蒙四人相繼居西邊三四十年爲威名將曹操劉備關羽皆爲所挫雖更相汲引而孫權委心聽之吳之所以爲吳非偶然也

東坡羅浮詩

東坡遊羅浮山作詩示叔黨其末云負書從我

盍歸去羣仙正草新宮銘汝應奴隸蔡少霞我亦季孟山玄卿坡自注曰唐有夢書新宮銘者云紫陽眞人山玄卿撰其略曰良常西麓原澤東泄新宮宏宏崇軒轞轞又有蔡少霞者夢人遣書碑銘曰公昔乘魚車今履瑞雲躅空仰塗綺輅輪囷其末題云五雲書閣吏蔡少霞書予按唐小說薛用弱集異記載蔡少霞夢人召去令書碑題云蒼龍溪新宮銘紫陽眞人山玄卿撰其詞三十八句不聞有五雲閣吏之說魚車

瑞雲之語乃逸史所載陳幼霞事云蒼龍溪主
歐陽其撰蓋坡公誤以幼霞爲少霞耳玄卿之
文嚴整高妙非神仙中人嵇叔夜李太白之流
不能作今紀于此云良常西麓源澤東泄新宮
宏宏崇軒巘巘雕珉盤礎鏤檀竦棨碧瓦鱗差
瑤階肪截閣凝瑞霧樓橫祥霓騶虞巡徼昌明
捧闌珠樹規連玉泉矩洩靈飆遐集聖日俯晰
太上游儲無極便闕百神守護諸真班列仙翁
鵠立道師冰潔飲玉成漿饌瓊爲屑桂旗不動

蘭幄牙設妙樂競奏流鈴開發天籟虛徐風簫
泠瀲鳳歌諧律鶴舞會節三變玄雲九成絳雪
易遷徒語童初詎說如毀乾坤自有日月清寧
二百三十一年四月十二日建子頊作廣州三
清殿碑倣其體爲銘詩曰天池北阯越領東鹿
銀宮旟旟瑤殿矗矗陛納九齒閶披四目楯角
儲清簷牙衺縟雕牖紺閜鏤楹熠煜元尊端拱
泰上秉籙纁黼周張神光晬穆寶帳流黃溫幈
結緑翠鳳于旗紫霓溜褥星伯振鷺仙翁立鵠

昌明侍几眉連捧纛月節下墮曦輪旁燭凍雨清塵喬雲散縠鈞籟虛徐流鈴禄續童初渟瀯勾漏蓄縮嶽君有衡海帝維儵中邊何護時節朝宿颸毋淪威瘥妃謝壽丹匡罷徼赤子纍福億齡聖壽萬世宋籙凡四十句讀者或許之然終不近也

魏明帝容諫

魏明帝時少府楊阜上疏欲省宮人諸不見幸者乃召御府吏問後宮人數吏守舊令對曰禁

密不得宣露阜怒杖吏一百數之曰國家不與九卿爲密反與小吏爲密乎帝愈嚴憚之房元齡高士廉問少府少監竇德素北門近有何營造德素以聞太宗大怒謂玄齡等曰君但知南牙耳北門小小營造何預君事耶玄齡等拜謝夫太宗之與明帝不待比擬觀所以責玄齡之語與夫嚴憚楊阜之事不逭遠矣賢君一話一言爲後世法惜哉魏史以謂羣臣直諫之言帝雖不能盡用然皆優容之雖非誼主亦可謂有

君人之量矣

漢世謀於衆

兩漢之世事無小大必謀之於衆人予前論之矣然亦有持以藉口掩衆議者霍光薨後宣帝出其親屬補吏張敞言朝臣宜有明言霍氏顓制請罷三侯就第明詔以恩不聽羣臣以義固爭而後許之今明詔自親其文非策之得者也哀帝欲封董賢等王嘉言宜延問公卿大夫博士議郎明正其義然後乃加爵土不然恐大失

衆心暴平其事必有言當封者在陛下所從天
下雖不説咎有所分不獨在陛下前成帝初封
淳于長其事亦議谷永以長當封衆人歸咎于
永先帝不獨蒙其譏哀帝乃止是知委曲遷就
使恩出君上過歸於下漢代多如此也

國朝會要

國朝會要自元豐三百卷之後至崇寧政和間
復置局修纂宣和初王黼秉政罷修書五十八
所時會要已進一百十卷餘四百卷亦成但局

中欲節次覬賞故未及上既有是命局官以謂若朝廷許立限了畢不過三兩月可以投進而黼務悉矯蔡京所爲故一切罷之官吏既散文書皆爲棄物矣建炎三年外舅張淵道爲太常博士時禮寺典籍散佚亡幾而京師未陷公爲宰相言宜遣官往訪故府取見存圖籍悉輦而來以備掌故此若緩而甚急者也宰相不能用其後逆豫竊據輒爲煨燼吁可惜哉

孫臏減竈

孫臏勝龎涓之事兵家以為奇謀予獨有疑焉
云齊軍入魏地為十萬竈明日為五萬竈又明
日為二萬竈方師行逐利每夕而興此役不知
以幾何人給之又必人人各一竈乎龎涓行三
日而大喜曰齊士卒亡者過半則是所過之處
必使人枚數之矣是豈救急赴敵之師乎又云
度其暮當至馬陵乃斫大樹白而書之曰龎涓
死于此樹之下遂伏萬弩期日暮見火舉而俱
發夫軍行遲速既非他人所料安能必其以暮

至不差晷刻乎古人坐於車中既云暮矣安知樹間之有白書且必舉火讀之乎齊琴尚能俱發而涓讀八字未畢皆深不可信殆好事者爲之而不精考耳

蟲鳥之智

竹雞之性遇其儔必鬭捕之者掃落葉爲城置媒其中而隱身于後操罔焉激媒使之鳴聞者隨聲必至閉目飛入城直前欲鬭而罔已起無得脫者蓋目既閉則不復見人鶺鴒性好潔獵

人於茂林閒爭掃地稍散穀于上禽往來行遊且步且啄則以糊竿取之麂行草莽中畏人見其跡但循一逕無問遠近也村民結繩爲繯置其所行處麂足一絓則倒懸於枝上乃生獲之江南多土蜂人不能識其穴往往以長紙帶粘於肉蜂見之必銜入穴乃躡尋得之熏取其子蟲鳥之智自謂周身矣如人之不仁何

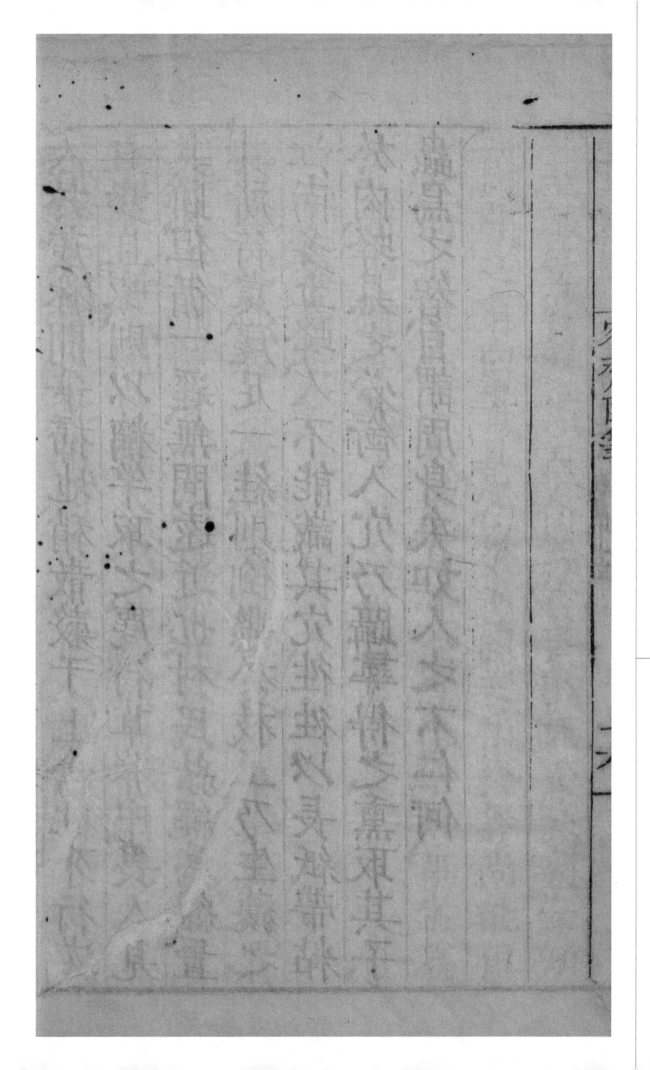

容齋隨筆卷第十四　十七則

張文潛論詩

前輩議論有出於率然不致思而於理近礙者張文潛云詩三百篇雖云婦人女子小夫賤隸所爲要之非深於文章者不能作如七月在野至入我牀下於七月巳下皆不道破直至十月方言蟋蟀非深於文章者能爲之邪予謂三百篇固有所謂女婦小賤所爲若周公召康公穆公衛武公芮伯凡伯尹吉甫仍叔家父蘇公宋

襄公秦康公史克公子素其姓氏明見于大序可一槩論之乎且七月在野八月在宇九月在戶本自言農民出入之時耳鄭康成始并入下句皆指爲蟋蟀正已不然今直稱此五句爲深於文章者豈其餘不能過此乎以是論詩隘矣

漢祖三詐

漢高祖用韓信爲大將而三以詐臨之信旣定趙高祖自成皐度河晨自稱漢使馳入信壁信未起即其卧奪其印符麾召諸將易置之項羽

死則又襲奪其軍卒之僞遊雲夢而縛信夫以豁達大度開基之主所行乃如是信之終於謀逆蓋有以啓之矣

有心避禍

有心於避禍不若無心於任運然有不可一槩論者董卓盜執國柄築塢於郿積穀爲三十年儲自云事不成守此足以畢老殊不知一敗則掃地豈容老於塢耶公孫瓚據幽州築京於易地以鐵爲門樓櫓千重積穀三百萬斛以爲足

以待天下之變殊不知梯衝舞於樓上城豈可保耶曹爽爲司馬懿所奏桓範勸使舉兵爽不從曰我不失作富家翁不知誅滅在旦暮耳富可復得耶張華相晉當賈后之難不能退少子以中台星坼勸其遜位華不從曰天道玄遠不如靜以待之竟爲趙王倫所害方事勢不容髪而欲以靜待又可蚩也他人無足言華博物有識亦闇於幾事如此哉

蹇解之險

蹇卦艮下坎上見險而止故諸爻皆有蹇難之辭獨六二重言蹇蹇說者以爲六二與九五爲正應如臣之事君當以身任國家之責雖蹇之又蹇亦匪躬以濟之此解釋文義之旨也若尋繹爻畫則有說焉蓋外卦一坎諸爻所同而自六二推之上承九三六四又爲坎體是一卦之中已有二坎也故重言之解卦坎下震上動而免乎險矣六三將出險乃有負乘致寇之咎豈非上承九四六五又爲坎乎坎爲輿爲盜既獲

出險而復蹈焉宜其可醜而致戎也是皆中爻之義云

士之處世

士之處世視富貴利祿當如優伶之爲參軍方其據几正坐噫嗚訶箠羣優拱而聽命戲罷則亦已矣見紛華盛麗當如老人之撫節物以上元清明言之方少年壯盛晝夜出遊若恐不暇燈收花暮輒悵然移日不能忘老人則不然未嘗置欣戚於胸中也覩金珠珍玩當如小兒之

弄戲劇方雜然前陳疑若可恍即委之以去了無戀想遭横逆機穽當如醉人之受罵辱耳無所聞目無所見酒醒之後所以爲我者自若也何所加損哉

張全義治洛

居洛陽經黃巢之亂城無居人縣邑荒圮僅能築三小城又遭李罕之爭奪但遺餘堵而已張全義招懷理葺復爲壯藩五代史於全義傳書之甚畧資治通鑑雖稍詳亦不能盡輙采張文

定公所著搢紳舊聞記芟取其要而載于此曰今荊襄淮沔創痍之餘綿地數千里長民之官用守邊保障之勞超階擢職不知幾何人其眞能髣髴全義所爲者吾未見其人也豈局於文法譏議有所制而不得騁乎全義始至洛於麾下百人中選可使者十八人命之曰屯將人給一旗一牓於舊十八縣中令招農户自耕種流民漸歸又選可使者十八人命之曰屯副民之來者綏撫之除殺人者死餘但加杖無重刑無

祖稅歸者漸衆又選諳書計者十八人命之曰屯判官不一二年每屯户至數千於農隙時選丁夫教以弓矢槍劒爲坐作進退之法行之一二年得丁夫二萬餘人有盜賊即時擒捕關市之賦逌於無籍刑寬事簡遠近趨之如市五年之内號爲富庶於是奏每縣除令簿主之喜民力耕織者知其家蠶麥善必至其家悉召老幼親慰勞之賜以酒食茶綵遺之布衫裙袴喜動顏色見稼田中無草者必下馬觀之召田主賜

衣服若禾下有草耕地不熟則集衆決責之或
訴以闕牛則召責其鄰伍曰此少牛如何不衆
助自是民以耕桑爲務家家有蓄積水旱無饑
人在任四十餘年至今廟食嗚呼令之君子其
亦肯以全義之心施諸人乎

博古圖

政和宣和閒朝廷置書局以數十計其荒陋而
可笑者莫若博古圖予比得漢匜因取一册讀
之發書捧腹之餘聊識數事于此父癸匜之銘

曰爵方父癸則爲之說曰周之君臣其有癸號者惟齊之四世有癸公癸公之子曰哀公然則作是器也其在哀公之時歟故銘曰父癸者此也夫以十干爲號及稱父甲父丁父癸之類夏商皆然編圖者固知之矣獨於此器表爲周物且以爲癸公之子稱其父其可笑一也周義母匜之銘曰仲姞義母作則爲之說曰晉文公杜祁讓偪姞而已次之趙孟云母義子貴正謂杜祁則所謂仲姞者自名也義母者襄公謂杜祁

也夫周世姑姓女多矣安知此爲偪姞杜祁但讓之在上豈可便爲母哉既言仲姞自名又以爲襄公爲杜祁所作然則爲誰之物哉其可笑二也漢注水匜之銘曰始建國元年正月癸酉朔日制則爲之説曰漢初始元年十二月改爲建國此言元年正月者當是明年也按漢書王莽以初始元年十二月癸酉朔日竊即眞位遂以其日爲始建國元年正月安有明年却稱元年之理其可笑三也楚姬盤之銘曰齊侯作楚

姬寶盤則爲之說曰楚與齊從親在齊湣王之時所謂齊侯則湣王也周末諸侯自王而稱侯以銘器尚知止乎禮義也夫齊楚之爲國各數百年豈必當湣王時從親乎且湣王在齊諸王中最爲驕暴嘗稱東帝豈有肯自稱侯之理其可笑四也漢梁山錡之銘曰梁山銅造則爲之說曰梁山銅者紀其所貢之地梁孝王依山鼓鑄爲國之富則銅有自來矣夫積山鑄錢乃吳王濞耳梁山自是山名屬馮翊夏陽縣於梁國

何預焉其可笑五也觀此數說他可知矣

士大夫論利害

士大夫論利害固當先陳其所以利之實然於利之中而有小害存焉亦當科別其故使人主擇而處之乃合毋隱勿欺之義趙充國征先零欲罷騎兵而屯田宣帝恐虜聞兵罷且攻擾田者充國曰虜小寇盜時殺人民其原未可卒禁誠令兵出而虜絶不爲寇則出兵可也即今同是而釋坐勝之道非所以視蠻夷也班勇乞復

置西域校尉議者難曰班將能保北虜不爲邊
害乎勇曰今置州牧以禁盜賊若州牧能保盜
賊不起者臣亦願以要斬保匈奴之不爲邊害
也今通西域則虜埶必弱爲患微矣若埶歸北
虜則中國之費不止十億置之誠便此二人論
事可謂極盡利害之要足以爲法也

舒元輿文

舒元輿唐中葉文士也今其遺文所存者才二
十四篇既以甘露之禍死文宗因觀牡丹摘其

賦中榮句曰向者如逆背者如訣拆者如語含者如咽俯者如怨仰者如愰爲之泣下予最愛其玉筯篆志論李斯李陽冰之書其詞曰斯去千年冰生唐時冰復去矣後來者誰後千年有人誰能待之後千年無人篆止於斯嗚呼主人爲吾寶之此銘有不可名言之妙而世或鮮知之

絶唱不可和

韋應物在滁州以酒寄全椒山中道士作詩曰

今朝郡齋冷忽念山中客澗底束荆薪歸來煮白石欲持一樽酒遠慰風雨夕落葉滿空山何處尋行迹其爲高妙超詣固不容夸說而結尾兩句非復語言思索可到東坡在惠州依其韻作詩寄羅浮鄧道士曰一杯羅浮春遠餉采薇客遥知獨酌罷醉卧松下石幽人不可見淸嘯聞月夕聊戲菴中人空飛本無迹劉夢得山圍故國周遭在潮打空城寂寞回之句白樂天以爲後之詩人無復措詞坡公倣之曰山圍故國

城空在潮打西陵意未平坡公天才出語驚世
如追和陶詩眞與之齊驅獨此二者比之韋劉
爲不侔豈非絶唱寡和理自應爾耶

贈典輕重

國朝未改官制以前從官丞郎直學士以降身
没大抵無贈典唯尚書學士有之然亦甚薄余
襄公王素自工書得刑書蔡君謨自端明禮侍
得吏侍耳元豐以後待制以上皆有四官之恩
後遂以爲常典而致仕又遷一秩梁揚祖終寶

文學士宣奉大夫既以致仕轉光祿遂贈特進
龍圖學士蓋以爲銀青金紫特進只三官故增
其職是從左丞得僕射也節度使舊制贈侍中
或太尉官制行多贈開府秦檜創立檢校少保
之例以贈王德葉夢得張澄近歲王彥遂用之
實無所益也元祐中王巖叟終於朝奉郎端明
殿學士以嘗簽書樞密院故超贈正議大夫楊
愿終於朝奉郎資政殿學士但贈朝請大夫以
執政而贈郎秩輕重爲不侔皆掌故之失也

揚之水

左傳所載列國人語言書訊其辭旨如出一手說者乃以爲皆左氏所作予疑其不必然乃若潤色整齊則有之矣試以詩證之揚之水三篇一周詩一鄭詩一晉詩其二篇皆曰不流束薪不流束楚邶之谷風曰習習谷風以陰以雨雅之谷風曰習習谷風維風及雨在南山之陽在南山之下在南山之側在浚之郊在浚之都在浚之城在河之滸在河之漘在河之涘山有樞

隰有榆，山有苞櫟，隰有六駁，山有蔽檖，隰有杞
桋，言秣其馬，言采其蝱，言觀其旂，言韔其弓，皆
雜出於諸詩，而興致一也。蓋先王之澤未遠，天
下書同文，師無異道，人無異習，出口成言，皆止
乎禮義，是以不謀而同爾。

李陵詩

文選編李陵、蘇武詩凡七篇，人多疑俯觀江漢
流之語，以爲蘇武在長安所作，何爲乃及江漢？
東坡云皆後人所擬也。予觀李詩云：獨有盈觴

酒與子結綢繆盈字正惠帝諱漢法觸諱者有罪不應陵敢用之益知坡公之言爲可信也

大曲伊涼

今樂府所傳大曲皆出於唐而以州名者五伊涼熙石渭也涼州今轉爲梁州唐人已多誤用其實從西涼府來也凡此諸曲唯伊涼最著唐詩詞稱之極多聊紀十數聯以資談助如老去將何散旅愁新教小玉唱伊州求守管絃聲款逐側商調裏唱伊州鈿蟬金鴈皆零落一曲伊

州泱萬行公子邀歡月滿樓雙成揭調唱伊州
賺殺唱歌樓上女伊州誤作石州聲胡部笙歌
西部頭梨園弟子和涼州唱得涼州意外聲舊
人空數米嘉榮覔裳奏罷唱梁州紅袖斜翻翠
黛愁行人夜上西城宿聽唱涼州雙管逐丞相
新裁别離曲聲聲飛出舊梁州只愁拍盡涼州
杖畫出風雷是撥聲一曲涼州令不凊邊風蕭
颯動江城滿眼由來是舊人那堪更奏梁州曲
昨夜蕃軍報國讎沙州都護破梁州邊將皆承

主恩澤無人解道取涼州皆王建張祜劉禹錫王昌齡高駢溫庭筠張籍諸人詩也

元次山元子

元次山有文編十卷李商隱作序今九江所刻是也又有元子十卷李紓作序予家有之凡一百五篇其十四篇已見於文編餘者大抵澶漫矯亢而第八卷中所載𡮢方國二十國事最爲譎誕其略云方國之僊盡身皆方其俗惡圓設有問者曰汝心圓則兩手破胸露心曰此心圓

耶圓國則反之言國之僂三口三舌相乳國之僂口以下直爲一竅無手國足便於手無足國膚行如風其詭頗近山海經固巳不暇至云惡國之僂男長大則殺父女長大則殺母忍國之僂父母見子如臣見君無鼻之國兄弟相逢則相害觸國之僂子孫長大則殺之如此之類皆悖理害教於事無補次山中興頌與日月爭光若此書不作可也惜哉

次山謝表

元次山爲道州刺史作舂陵行其序云州舊四萬餘戶經賊以來不滿四千太半不勝賦稅到官未五十日承諸使征求符牒二百餘封皆曰失期限者罪至貶削於戲若悉應其命則州縣破亂刺史欲焉逃罪若不應命又即獲罪戾吾將靜以安人待罪而已其辭甚苦大略云州小經亂亡遺人實困疲朝飡是草根暮食乃木皮出言氣欲絶意速行步遲追呼尚不忍況乃鞭扑之郵亭傳急符來往跡相追更無寬大恩但

有追催期欲令鬻兒女言發恐亂隨柰何重驅
逐不使存活爲安人天子命符節我所持逋緩
違詔令蒙責固所宜又賊退示官吏一篇言賊
攻永破邵不犯此州蓋蒙其傷憐而已諸使何
爲忍苦征斂其詩云城小賊不屠人貧傷可憐
是以陷鄰境此州獨見全使臣將王命豈不如
賊焉今彼征斂者迫之如火煎二詩憂民慘切
如此故杜老以爲今盜賊未息知民疾苦得結
輩十數公落落參錯天下爲邦伯天下少安立

可待矣遂有兩章對秋月一字偕華星之句今次山集中載其謝上表兩通其一云今日刺史若無武略以制暴亂若無文才以救疲弊若不清廉以身率下若不變通以救時須則亂將作矣臣料今日州縣堪征稅者無幾已破敗者實多百姓戀墳墓者蓋少思流亡者乃衆則刺史宜精選謹擇以委任之固不可拘限官次得之貨賄出之權門者也其二云今四方兵革未寧賦斂未息百姓流亡轉甚官吏侵刻日多實不

合使凶庸貪猥之徒凢務下愚之類以貨賂權勢而爲州縣長官觀次山表語但因謝上而能極論民窮吏惡勸天子以精擇長吏有謝表以來未之見也世人以杜老褒激之故或稍誦其詩以中興頌故誦其文不聞有稱其表者予是以備録之以風後之君子次山臨道州歲在癸卯唐代宗初元廣德也

光武仁君

漢光武雖以征伐定天下而其心未嘗不以仁

恩招懷爲本隗囂受官爵而復叛賜詔告之曰若束手自詣保無他也公孫述據蜀大軍征之垂滅矣猶下詔喻之曰勿以來歙岑彭受害自疑今以時自詣則家族全詔書手記不可數得朕不食言遣馮異西征戒其平定安集爲急怒吳漢殺降責以失斬將弔民之義可謂仁君矣蕭銑舉荆楚降唐而高祖怒其逐鹿之對誅之於市其隘如此新史猶以高祖爲聖豈理也哉

容齋隨筆卷第十四

容齋隨筆卷第十五　十九則

張文潛哦蘇杜詩

溪迴松風長蒼鼠竄古瓦不知何王殿遺構絶壁下陰房鬼火青壞道哀湍瀉萬籟眞笙竽秋色正蕭灑美人爲黄土況乃粉黛假當時侍金輿故物獨石馬憂來藉草坐浩歌淚盈把冉冉征途閒誰是長年者此老杜玉華宮詩也張文潛暮年在宛丘何大圭方弱冠往謁之凡三日見其吟哦此詩不絶口大圭請其故曰此章乃

風雅哉吹未易爲子言大圭曰先生所賦何必減此曰平生極力模寫僅有一篇稍似之然未可同日語遂誦其離黃州詩偶同此韻曰扁舟發孤城揮手謝送者山回地勢卷天豁江面瀉中流望赤壁石脚挿水下昏昏煙霧嶺歷歷漁樵舍居夷實三載鄰里通假借别之豈無情老淚爲一洒篙工起鳴鼓輕櫓健於馬聊爲過江宿寂寂樊山夜此其音響節奏固似之矣讀之可黙諭也又好誦東坡梨花絶句所謂梨花淡

白柳深青柳絮飛時花滿城惆悵東欄一株雪人生看得幾淸明者每吟一過必擊節賞歎不能已文潛蓋有省於此云

任安田仁

任安田仁皆漢武帝時能臣也而漢史載其事甚略褚先生曰兩人俱爲衛將軍舍人家監使養惡齧馬仁曰不知人哉家監也安曰將軍尚不知人何乃家監也後有詔募擇衛將軍舍人以爲郎會賢大夫趙禹來悉召舍人百餘人以

次問之得田仁任安曰獨此兩人可耳餘無可
用者將軍上籍以聞詔召此二人帝遂用之仁
刺舉三河時河南河内太守皆杜周子弟河東
太守石丞相子孫仁已刺三河皆下吏誅死觀
此事可見武帝求才不遺微賤得人之盛誠非
後世所及然班史言霍去病既貴衞青故人門
下多去事之唯任安不肯去又言衞將軍進言
仁爲郎中與褚先生所書爲不同杜周傳云兩
子夾河爲郡守治皆酷暴亦不書其所終皆闕

文也

杜延年杜欽

前漢書稱杜延年本大將軍霍光吏光持刑罰嚴延年輔之以寬論議持平合和朝廷杜欽在王鳳幕府救解馮野王王尊之罪過當世善政多出於欽予謂光以侯史吳之事一朝殺九卿三人延年不能諫王章言王鳳之過天子感寤欲退鳳欽令鳳上疏謝罪上不忍廢鳳鳳欲遂退欽說之而止章死衆庶寃之欽復說鳳以爲

天下不知章實有罪而以爲坐言事宜因章事舉直言極諫使天下咸知主上聖明不以言罪下若此則流言消釋矣鳳白行其策夫新莽盗國權與於鳳鳳且退而復止皆歆之謀若歆者蓋漢之賊也而謂當世善政出其手豈不繆哉

范曄作史

范曄在獄中與諸甥姪書曰吾既造後漢詳觀古今著述及評論殆少可意者班氏最有高名既任情無例不可甲乙唯志可推耳博贍可不

及之整理未必愧也吾雜傳論皆有精意深旨至於循吏以下及六夷諸序論筆勢縱放實天下之奇作其中合者往往不減過秦篇嘗共比方班氏所作非但不愧之而已贊自是吾文之傑思殆無一字空設奇變不窮同合異體乃自不知所以稱之此書行故應有賞音者自古體大而思精未有此也曄之高自夸詡如此至以謂過班固固豈可過哉曄所著序論了無可取列傳如鄧禹竇融馬援班超郭泰諸篇者蓋亦

有數也人苦不自知可發千載一笑

唐詩人有名不顯者

温公詩話云唐之中葉文章特盛其姓名湮没不傳於世者甚衆如河中府鸛雀樓有王之奐暢諸二詩二人皆當時所不數而後人擅詩名者豈能及之哉予觀少陵集中所載韋迢郭受詩少陵酬答至有新詩錦不如自得隨珠覺夜明之語則二人詩名可知矣然非編之杜集幾於無傳焉又有嚴惲惜花一絶云春光冉冉歸

何處更向花前把一盃盡日問花花不語爲誰零落爲誰開前人多不知誰作乃見於皮陸唱和集中大率唐人多工詩雖小說戲劇鬼物假託莫不宛轉有思致不必顓門名家而後可稱也

蘇子由詩

蘇子由南窻詩云京城三日雪雪盡泥方深閑門謝還往不聞車馬音西齋書帙亂南窻朝日昇展轉守牀榻欲起復不能開戶失瓊玉滿堦

松竹陰故人遠方來疑我何苦心踈拙自當爾有酒聊共斟此其少年時所作也東坡好書之以爲人閒當有數百本蓋閑淡簡遠得味外之味云

呼君爲爾汝

東坡云凡人相與號呼者貴之則曰公賢之則曰君自其下則爾汝之雖王公之貴天下貌畏而心不服則進而君公退而爾汝者多矣子謂此論特後世之俗如是爾古之人心口一致事

從其眞雖君臣父子之間出口而言不復顧忌觀詩書所載可知矣箕子陳洪範對武王而汝之金縢策祝周公所以告大王王季文王三世祖考也而呼之曰爾三王自稱曰予至云爾之許我我其以璧與珪歸俟爾命爾不許我我乃屏璧與珪殆近乎相質責而邀索也天保報上之詩曰天保定爾俾爾戩穀閟宮頌君之詩曰俾爾富而昌俾爾昌而熾及節南山正月板蕩卷阿旣醉瞻卬諸詩皆呼王爲爾大明曰上帝

臨女指武王也民勞曰王欲玉女指厲王也至或稱爲小子雖幽厲之君亦受之而不怒嗚呼三代之風俗可復見乎晉武公請命乎天子其大夫賦無衣所謂不如子之衣亦指周王也

世事不可料

秦始皇并六國一天下東游會稽度浙江撊然謂子孫帝王萬世之固不知項籍已縱觀其旁劉季起喟然之嘆於咸陽矣曹操芟夷羣雄遂定海内身爲漢相日夜窺伺龜鼎不知司馬懿

已入幕府矣梁武帝殺東昏侯覆齊祚而侯景以是年生於漠北唐太宗殺建成元吉遂登天位而武后已生於并州宣宗之世無故而復河隴戎狄既衰藩鎮順命而朱温生矣是豈智力謀慮所可為哉

蔡君謨帖語

韓獻肅公守成都時蔡君謨與之書曰襄啓歲行甫新魯鈍之資日益衰老雖勉就職務其於精力不堪勞苦念君之生相距旬日如聞年來

補治有方當愈彊健果如何哉襄於京居尚留少時佇君還軫伸眉一笑傾懷之極今因樊都官西行奉書問動靖不一一襄上子華端明閣下此帖語簡而情厚初無寒温之問寢食之祝講德之佞也今風俗日以媮薄士大夫之猥浮者於尺牘之間益出新巧習貫自然雖有先達篤實之賢亦不敢自拔以速嘲罵毎詒書多至十數紙必繫銜相與之際悉忘其真言語不情誠意掃地相呼不以字而云某文儕亲官稱無

復差等觀此其少愧乎憶二紀之前予在館中見曾監吉甫與人書獨不作劄子且以字呼同舍同舍因相約云曾公前輩可尊是宜曰丈餘人自今各以字行其過誤者罰一直行之幾月從官郎省欣然皆欲一變而有欲敗此議者載酒飲同舍乞仍舊於是從約皆解遂不可復革可爲一歎

孔氏野史

世傳孔毅甫野史一卷凡四十事予得其書於

清江劉靖之所載趙清獻爲青城宰挈散樂妓以歸爲邑尉追還大慟且怒又因與妻忿爭由此惑志文潞公守太原辟司馬温公爲通判夫人生日温公獻小詞爲都漕唐子方峻責歐陽永叔謝希深田元均尹師魯在河南携官妓游龍門半月不返留守錢思公作簡招之亦不答范文正與京東人石曼卿劉潛之類相結以取名服中上萬言書甚非言不文之義蘇子瞻被命作儲祥宫記大貂陳衍幹當宫事得旨置酒

與蘇高會蘇陰使人發御史董敦逸即有章疏遂墮計中又云子瞻四六表章不成文字其他如潞公范忠宣呂汲公吳冲卿傅獻簡諸公皆不免譏議予謂決非毅甫所作蓋魏泰碧雲騢之流耳温公自用龐頴公辟不與潞公子方同時其謬妄不待攻也靖之乃原甫曾孫佳士也而跋是書云孔氏兄弟曾大父行也思其人欲聞其言久矣故録而藏之汪聖錫亦書其後但記上官彥衡一事豈弗深考云

有若

史記有若傳云孔子沒弟子以若狀似孔子立以爲師他日進問曰昔夫子當行使弟子持雨具已而果雨弟子問何以知之夫子曰詩不云乎月離于畢俾滂沱矣昨暮月不宿畢乎他日月宿畢竟不雨商瞿年長無子孔子曰瞿年四十後當有五丈夫子已而果然敢問何以知此有若無以應弟子起曰有子避之此非子之座也子謂此兩事殆近於星曆卜祝之學何足以

爲聖人而謂孔子言之乎有若不能知何所加
損而弟子遽以是斥退之乎孟子稱子夏子張
子游以若似聖人欲以所事孔子事之曾子不
可但言江漢秋陽不可尚而已未嘗深詆也論
語記諸善言以有子之言爲第二章在曾子之
前使有避坐之事弟子肯如是哉檀弓載有子
聞曾子喪欲速貧死欲速朽兩語以爲非君子
之言又以爲夫子有爲言之子游曰甚哉有子
之言似夫子也則其爲門弟子所敬乆矣太史

公之書於是爲失矣且門人所傳者道也豈應
以貌狀之似而師之邪世所圖七十二賢畫象
其畫有若遂與孔子略等此又可笑也

張天覺爲人

張天覺爲人賢否士大夫或不詳知方大觀政
和閒時名甚著多以忠直許之蓋其作相適承
蔡京之後京弄國爲姦天下共疾小變其政便
足以致譽饑者易爲食故蒙賢者之名靖康初
政遂與司馬公范文正同被褒典予以其實考

之彼直姦人之雄爾其外孫何麒作家傳云爲
熙寧御史則逐於熙寧爲元祐廷臣則逐於元
祐爲紹聖諫官則逐於紹聖爲崇寧大臣則逐
於崇寧爲大觀宰相則逐於政和其跡是矣而
實不然爲御史時以斷獄失當爲密院所治遂
摭搏州事以報之三樞密皆乞去故坐貶爲諫
官時首攻内待陳衍以搖宣仁至比之於呂武
乞追奪司馬公呂申公贈謚仆碑毀樓論文潞
公背負國恩呂汲公動搖先烈辯呂惠卿蔡確

無罪後以交通賴昌富民蓋漸故又貶元符末
除中書舍人謝表歷詆元祐諸賢云當元祐之
八九年擢黨人之二十輩及在相位乃以與郭
天信交結而去耳平生言行如此而得美譽則
以蔡京不相能之故然皆章子厚門下客其始
非不同也京拜相之詞天覺所作是以得執政
云

　爲文論事

爲文論事當反復致志救首救尾則事詞章著

覽者可以立決陳湯斬郅支而功未録劉向上
疏論之首言周方叔吉甫誅獫狁次言齊桓公
有滅項之罪君子以功覆過李廣利靡億萬之
費捐五萬之師厪獲宛王之首孝武不録其過
封爲列侯末言常惠隨欲擊之烏孫鄭吉迎自
來之日逐皆裂土受爵然後極言今康居國彊
於大宛郅支之號重於宛王殺使者罪甚於留
馬而不煩漢士一不費斗糧比於貳師功德百之
又曰言威武勤勞則大於方叔吉甫列功覆過

則優於齊桓貳師近事之功則高於安遠長羅而大功未著小惡數布臣竊痛之於是天子乃下詔議封蓋其一䟽抑揚援證明白如此故以丞相匡衡中書石顯出力沮害竟不能奪不然衡顯之議豈區區一故九卿所能亢哉

連昌宮詞

元微之白樂天在唐元和長慶間齊名其賦詠天寶時事連昌宮詞長恨歌皆膾炙人口使讀之者情性蕩搖如身生其時親見其事殆未易

以優劣論也然長恨歌不過述明皇追愴貴妃始末無他激揚不若連昌詞有監戒規諷之意如云姚崇宋璟作相公勸諫上皇言語切長官清平太守好揀選皆言由相公開元之末姚宋死朝廷漸漸由妃子禄山宮裏養作兒號國門前鬧如市弄權宰相不記名依稀憶得楊與李廟謨顛倒四海搖五十年來作瘡痏其末章及官軍討淮西乞廟謨休用兵之語蓋元和十一二年間所作殊得風人之旨非長恨比云

二士共談

維摩詰經言文殊從佛所將詣維摩丈室問疾菩薩隨之者以萬億計曰二士共談必說妙法予觀杜少陵寄李太白詩云何時一尊酒重與細論文使二公真踐此言時得酒掃撰杖屨於其側所謂不二法門不傳之妙啓聰擊蒙出膚寸之澤以潤千里者可勝道哉

張子韶祭文

先公自嶺外徙宜春沒於保昌道出南安時猶

未聞檜相之死張子韶先生來致祭其文但云維某年月日具官某謹以清酌之奠昭告于某官之靈嗚呼哀哉伏惟尚饗其情旨哀愴乃過於詞前人未有此格也

京師老吏

京師盛時諸司老吏類多識事體習典故翰苑有孔目吏每學士制草出必據案細讀疑誤輒告劉嗣明嘗作皇子剃胎髮文用克長克君之語吏持以請嗣明曰此言堪爲長堪爲君眞善

頌也吏拱手曰內中讀文書不如是最以語忌爲嫌既剋長又剋君殆不可用也嗣明悚然亟易之靖康歲都城受圍禦敵器甲刓弊或言太常寺有舊祭服數十閒無所用可以藉甲少卿劉珏即具稟欲獻于朝以付書吏史作字楷而敏平常無錯誤珏將上馬立俟之既至而結銜脫兩字趣使更寫至于三其誤如初珏怒責之逡巡謝曰非敢誤也某小人竊妄有管見在禮祭服敝則焚之今國家迫急誠不宜以常日論

然容臺之職唯當兼禮少卿固體國不若侯朝廷來索則納之賢於先自背禮而有獻也至愧歎而止後每爲人言嘉賞其意今之胥徒雖公府右職省寺掌故但能皷扇獧浮顧賕謝爲業簿書期會之間乃漫不之曉求如彼二人豈可得哉

曹操唐莊宗

曹操在兖州引兵東擊陶謙於徐而陳宮潛迎呂布爲兖牧郡縣皆叛賴程昱荀彧之力全東

阿鄄范三城以待操操還執昱手曰微子之力吾無所歸矣表爲東平相唐莊宗與梁人相持於河上梁將王檀乘虛襲晉陽城中無備幾陷者數四賴安金全帥子弟擊却之於内石君立引昭義兵破之於外晉陽獲全而莊宗以策非已出金全等賞皆不行操終有天下莊宗雖能滅梁旋踵覆亡考其行事槩可睹矣

雲中守魏尚

史記漢書所記馮唐救魏尚事其始云魏尚爲

雲中守與匈奴戰上功幕府一言不相應文史以法繩之其賞不行臣以爲陛下賞太輕罰太重而又申言之云且雲中守魏尚坐上功首虜差六級陛下下之吏削其爵罰作之重言雲中守及姓名而文勢益遒健有力令人無此筆也

容齋隨筆卷第十五

容齋隨筆卷第十六　十九則

文章小伎

文章一小伎，於道未爲尊，雖杜子美有激而云，然要爲失言，不可以訓。文章豈小事哉！易賁之彖言剛柔交錯，天文也；文明以止，人文也。觀乎天文以察時變，觀乎人文以化成天下。孔子稱帝堯煥乎有文章。子貢曰：夫子之文章可得而聞。詩美衛武公，亦云有文章。堯、舜、禹、湯、文、武、成、康之聖賢，桀、紂、幽、厲之昏亂，非詩、書以文章載之何以傳伏羲畫八卦文王重之非孔子以文章翼之何以傳孔子至言要道託孝經論語之文而傳曾子子思孟子傳聖人心學使無中庸及七篇之書後人何所窺門戶老莊絕滅禮學忘言去爲而五千言與內外篇極其文藻釋氏之爲禪者謂語言爲累不知大乘諸經可廢乎然則詆爲小伎其理謬矣彼後世爲詞章者逐其末而忘其本翫其華而落其實流宕自遠非文章過也杜老所云文章千古事已似愛文章

文章日自負文章實致身文章開窔奥文章憎命達名豈文章著稱乘文章老文章敢自誣海内文章伯文章曹植波瀾闊庾信文章老更成豈有文章驚海内每語見許文章伯文章有神交有道如此之類多指詩而言所見狹矣

三長月

釋氏以正五九月爲三長月故奉佛者皆茹素其説云天帝釋以大寶鏡輪照四天下寅午戌月正臨南贍部洲故當食素以徼福官司謂之

斷月故受驛券有所謂羊肉者則不支俗謂之惡月士大夫赴官者輒避之或人以謂唐已藩鎮蒞事必大享軍屠殺羊豕至多故不欲以其月上事今之他官不當爾也然此說亦無所經見予讀晉書禮志穆帝納后欲用九月九月是忌月北齊書云高洋謀篡魏其臣宋景業言宜以仲夏受禪或曰五月不可入官犯之終於其位景業曰王爲天子無復下期豈得不終於其位乎乃知此忌相承由來已久竟不能曉其義

及出何經典也

兄弟直西垣

秦少游集中有與鮮于子駿書云今中書舍人皆以伯仲繼直西垣前世以來未有其事誠國家之美非特衣冠之盛也除書始下中外欣然舉酒相屬予以其時考之蓋元祐二年謂蘇子由曾子開劉貢甫也子由之兄子瞻子開之兄子固子宣貢甫之兄原甫皆經是職故少游有此語云紹興二十九年予仲兄始入西省至隆

興二年伯兄繼之乾道三年予又繼之相距首
尾九歲予作謝表云父子相承四上鑾坡之直
弟兄在望三陪鳳閣之游比之前賢實爲遭際
固爲門戶榮事然亦以此自愧也

續樹萱録

頃在秘閣抄書得續樹萱録一卷其中載隱君
子元撰夜見吳王夫差與唐諸詩人吟詠事李
翰林詩曰芙蓉露濃紅壓枝幽禽感秋花畔啼
玉人一去未回馬梁間燕子三見歸張司業曰

綠頭鴨兒咂萍藻采地女郎笑花老杜舍人曰鼓鼙夜戰北窻風霜葉沿階貼亂紅三人皆全篇杜工部曰紫領寛袍漉酒巾江頭蕭散作閒人白少傅曰不因霜葉辭林去的當山翁未覺秋李賀曰魚鱗甃空排嫩碧露桂稍寒挂團璧三人皆未終篇細味其體格語句往往逼眞後閲秦少游集有秋興九首皆擬唐人前所載咸在焉闗子東爲秦集序云擬古數篇曲盡唐人之體正謂是也何子楚云續萱錄乃王性之所

作而託名他人今其書才有三事其一曰貫博喻一曰全若虛一曰元撰詳命名之義蓋取諸子虛亡是公云

館職名存

國朝館閣之選皆天下英俊然必試而後命一經此職遂爲名流其高者曰集賢殿修撰史館修撰直龍圖閣直昭文館史館集賢院祕閣次曰集賢祕閣校理官卑者曰館閣校勘史館檢討均謂之館職記注官缺必於此取之非經修

注未有直除知制誥者官至員外郎則任子中外皆稱爲學士及元豐官制行凡帶職者皆遷一官而罷之而置祕書省官大抵與職事官等反爲留滯政和以後增修撰直閣貼職爲九等於是材能治辦之吏貴游乳臭之子車載斗量其名益輕南度以來初除校書正字往往召試雖曰館職不輕畀然其遷敘反不若寺監之徑捷至推排爲郎即失其故步混然無別矣

南宮适

南宫适問羿奡不得其死禹稷有天下言力可賤而德可貴其義已盡無所可答故夫子俟其出而歎其爲君子奬其尚德至於再言之聖人之意斯可見矣然明道先生云以禹稷比孔子故不答范淳父以爲禹稷有天下故夫子不敢答弗敢當也楊龜山云禹稷之有天下不止於躬稼而已孔子未盡然其言故不答然而不正之者不責備於其言以沮其尚德之志也與所謂雍之言然則異矣予竊謂南宫之問初無以

禹稷比孔子之意不知二先生何爲有是言若
龜山之語淺之已甚獨謝顯道云南宮适知以
躬行爲事是以謂之君子知言之要非尚德者
不能在當時發問閒必有目擊而道存首肯之
意非直不荅也其說最爲切當

吳王殿

漢高祖五年以長沙豫章象郡桂林南海立番
君吳芮爲長沙王十二年以三郡封吳王濞而
豫章亦在其中又趙佗先有南海後擊幷桂林

象郡則芮所有但長沙一郡耳按芮本爲秦番陽令故曰番君項羽已封爲衡山王都邾邾今之黄州也復侵奪其地故高祖徙之長沙而都臨湘一年薨則其去番也久矣今吾邦猶指郡正廳爲吳王殿以謂芮爲王時所居牛僧孺玄怪録載唐元和中饒州刺史齊推女因止州宅誕育爲神人擊死後有仙官治其事云是西漢鄱陽王吳芮今刺史宅是芮昔時所居皆非也

王衛尉

漢高祖怒蕭何謂王衛尉曰李斯相秦皇帝有
善歸主有惡自予今相國請吾苑以自媚於民
故繫治之衛尉曰秦以不聞其過亡天下李斯
之分過又何足法哉唐太宗疑三品以上輕魏
王責之曰我見隋家諸王一品以下皆不免其
躓頓我自不許兒子縱横耳魏鄭公曰隋高祖
不知禮義寵縱諸子使行非禮尋皆罪黜不可
以爲法亦何足道觀高祖太宗一時失言二臣
能因其所言隨即規正語意既直於激切中有

婉順體可謂得諫爭之大義雖微二帝其孰不
降心以聽乎

前代爲監

人臣引古規戒當近取前代則事勢相接言之
者有證聽之者足以監詩曰商監不遠在夏后
之世周書曰今惟商墜厥命我其可不大監又
曰我不可不監于有商又曰有商受天命惟有
歷年惟不敬厥德乃早墜厥命周公作無逸稱
商三宗漢祖命羣臣言吾所以有天下項氏所

以失天下命陸賈著秦所以失天下張釋之爲
文帝言秦漢之間事秦所以失漢所以興賈山
借秦爲喻賈誼請人主引商周秦事而觀之魏
鄭公上書於太宗云方隋之未亂自謂必無亂
方隋之未亡自謂必無亡臣願當今動靜以隋
爲監馬周云煬帝笑齊魏之失國今之視煬帝
亦猶煬帝之視齊魏也張元素諫太宗治洛陽
宮曰乾陽畢功隋人解體恐陛下之過甚於煬
帝若此役不息同歸于亂耳考詩書所載及漢

唐諸名臣之論有國者之龜鏡也議論之臣宜以爲法

治盜法不同

唐崔安潛爲西川節度使到官不詰盜曰盜非所由通容則不能爲乃出庫錢置三市置牓其上曰告捕一盜賞錢五百緡侶者告捕釋其罪賞同平人未幾有捕盜而至者盜不服曰汝與我同爲盜十七年贓皆平分汝安能捕我安潛曰汝既知吾有牓何不捕彼以來則彼應死汝

受賞矣汝旣爲所先死復何辭立命給捕者錢使盜視之然後殺盜於市於是諸盜與其侶互相疑無地容足夜不及旦散逃出境境內遂無一人爲盜予每讀此事以爲策之上者及得李公擇治齊州事則又不然齊素多盜公擇痛治之殊不止他日得黠盜察其可用刺爲兵使直事鈴下間問以盜發輒得而不衰止之故曰此繇富家爲之囊使盜自相推爲甲乙官吏巡捕及門擒一人以首則免矣公擇曰吾得之矣乃

令凡得藏盜之家皆發屋破柱盜賊遂清予乃知治世間事不可泥紙上陳迹如安潛之法可謂善矣而齊盜反恃此以爲沈命之計則變而通之可不存乎其人哉

和詩當和意

古人酬和詩必答其來意非若今人爲次韻所局也觀文選所編何劭張華盧諶劉琨二陸三謝諸人贈答可知已唐人尤多不可具載姑取杜集數篇略紀于此高適寄杜公云媿爾東西

南北人杜則云東西南北更堪論高又有詩云草玄今已畢此外更何言杜則云草玄吾豈敢賦或似相如嚴武寄杜云興發會能馳駿馬終須重到使君灘杜則云枉沐旌麾出城府草茅無逕欲教鋤杜公寄嚴詩云何路出巴山重巖細菊班遙知簇鞍馬回首白雲間嚴答云卧向巴山落月時籬外黃花菊對誰跛馬望君非一度杜送韋迢云洞庭無過鴈書疏莫相忘迢云相憶無南鴈何時有報章杜又云雖無南去鴈

看取北來魚郭受寄杜云春興不知凡幾首杜
答云藥裹關心詩揔廢皆如鐘磬在簴扣之則
應往來反復於是乎有餘味矣

稷有天下

稷躬稼而有天下泰伯三以天下讓文王一怒
而安天下之民皆以子孫之事追言之是時稷
始封於邰古公方邑于梁山之下文王才有岐
周之地未得云天下也禹未嘗躬稼因稷而稱
之

一世人材

一世人材自可給一世之用茍有以致之無問其取士之門如何也今之議者多以科舉經義詩賦爲言以爲詩賦浮華無根柢不能致實學故其說常右經而左賦是不然成周之時下及列國皆官人以世周之劉單召甘晉之韓趙荀魏齊之高國陳鮑衛之孫甯孔石宋之華向皇樂鄭之罕駟國游魯之季孟臧展楚之鬬蔿申屈皆世不乏賢與國終畢漢以經術及察舉魏

晉以州鄉中正，東晉、宋、齊以門第，唐及本朝以進士。而參之以任子，皆足以盡一時之才，則所謂科目特借以爲梯階耳。經義詩賦不問可也。

王逢原

王逢原以學術、邢居實以文采有盛名於嘉祐、元豐間。然所爲詩文多怨抑沉憤，哀傷涕泣，若辛苦憔悴，不得其平者，故皆不克壽。逢原年二十八，居實纔二十。天畀其才而嗇其壽，吁，可惜哉。

吏文可笑

吏文行移只用定本故有絕可笑者如文官批
書印紙雖宮觀嶽廟亦必云不曾請假或已登
科級見官臺省清要必云不曾應舉若試刑法
予在西掖時漢州申顯惠侯神頃係宣撫司便
宜加封昭應公乞換給制書禮寺看詳謂不依
元降指揮於一年限內自陳欲符下漢州告示
本神知委予白丞相別令勘當乃得改命淳熙
六年予以大禮恩澤改奏一歲兒吏部下饒州

必欲保官狀內聲説被奏人曾與不曾犯決笞有無翦刺及曾與不曾先經補官因罪犯停廢別行攺奏又令供與子係是何服屬父之於子而問何服屬一歲嬰兒而問曾與不曾入仕坐罪豈不大可笑哉

靖康時事

鄧艾伐蜀劉禪既降又勑姜維使降於鍾會將士咸怒拔刀斫石魏圍燕於中山既久城中將士皆思出戰至數千人相率請於燕主慕容隆

言之尤力爲慕容麟沮之而罷契丹伐晉連年晉拒之每戰必勝其後杜重威陰謀欲降命將士出陳於外士皆踴躍以爲出戰旣令解甲士皆慟哭聲振原野子頊修靖康實録竊痛一時之禍以堂堂大邦中外之兵數十萬曽不能北向發一矢獲一胡端坐都城束手就斃虎旅雲屯不聞有如蜀燕晉之憤哭者近讀朱新仲詩集有記昔行一篇正敘此時事其中云老种憤死不得戰汝霖疽發何由痊乃知忠義之士世

未嘗無之特時運使然耳

并部

梁武帝時有交趾人并部者富於詞藻請選求官而吏部尚書蔡撙以并姓無前賢除廣陽門郎部恥之遂還鄉里謀作亂夫用門地族望爲選舉低昂乃晉宋以來弊法蔡撙賢者也不能免俗何哉

讖緯之學

圖讖星緯之學豈不或中然要爲誤人聖賢所

不道也眭孟覩公孫病已之文勸漢昭帝求索賢人禪以帝位而不知宣帝實應之孟以此誅孔熙先知宋文帝禍起骨肉江州當出天子故謀立江州刺史彭城王而不知孝武實應之熙先以此誅當塗高之讖漢光武以詰公孫述袁術王浚皆自以姓名或父字應之以取滅亡而其兆爲曹操之魏兩角犢子之讖周子諒以劾牛仙客李德裕以議牛僧孺而其兆爲朱溫隋煬帝謂李氏當有天下遂誅李金才之族而唐

高祖乃代隋唐太宗知女武將竊國命遂濫五娘子之誅而阿武婆幾易姓武后謂代武者劉劉無强姓殆流人也遂遣六道使悉殺之而劉幽求佐臨淄王平内難韋武二族皆殄滅晉張華郭璞魏崔伯深皆精於天文卜筮言事如神而不能免於身誅家族況其下者乎

眞假皆妄

江山登臨之美泉石賞翫之勝世間佳境也觀者必曰如畫故有江山如畫天開圖畫即江山

身在畫圖中之語至於丹青之妙好事君子嗟歎之不足者則又以逼眞目之如老杜人間又見眞乘黃時危安得眞致此悄然坐我天姥下斯須九重眞龍出憑軒忽若無丹青高堂見生鶻直訝杉松冷兼疑菱荇香之句是也以眞爲假以假爲眞均之爲妄境耳人生萬事如是何特此耶

容齋隨筆卷第十六